<그리스도인이면 꼭 알아야 할 성경 지식>

# 다윗의 이야기가 있는 시편 I

서울솔로몬학교 성경연수원

# 차 례

이 책에 인용된 성경 구절은 〈한글킹제임스성경〉입니다.

# 제1과
# 압살롬을 피할 때(3편)

『오 **주**여, 일어나소서. 오 나의 하나님이여, 나를 구원하소서. 주께서는 나의 모든 원수들의 턱뼈를 치셨으며 주께서 악인들의 이를 부수셨나이다』(시 3:7).

## 하나님을 향한 믿음

시편은 다윗의 책이다. 150개의 시를 모두가 다윗이 쓴 것은 아니지만, "다윗의 책"이라고 불리기에 충분하다. 왜냐하면 그중 74개의 시가 직접적으로 "다윗의 시"라고 제시되어 있고, 아삽의 시 12개와 헤만, 에단의 시 각각 1개, "악장에게"가 표제로 되어 있는 작자 미상의 시들 14개가 모두 다윗의 영향 가운데 기록된 것이니, 적어도 102개의 시들을 다윗의 시라고 할 수 있는 것이다.

그렇다면 우리는 다윗의 시를 통해 어떤 진리를 발견해야 하는가? 많은 것들이 있지만, 가장 중요한 것은 예수 그리스도와 관련된 예언들과 성도들에게 주시는 경건한 교훈이다. 우리는 시편에서 예수 그리스도의 재림과 주님을 기다리는 유대인 환란 성도들의 간절한 기도를 발견해야 한다. 또한 다윗의 파란만장한 인생 여정에 녹아 있는 "하나님을 향한 믿음"을 빼놓을 수 없는데, 바로 이 점이 고난 가운데 있는 그리스도인이 하나님과 실질적인 관계를 정립하는 데 많은 도움이 된다.

시편 3편은 다윗이 대적들의 비난 가운데 지은 비탄의 시이며, 그의 생애에서 일어난 특정 사건과 관련이 있다. 시의 표제가 그 정확한 배경을 말해 주는데, 그것은 『**그가 자기 아들 압살롬을 피할 때**』이다(삼하 15,16장). 다윗은 반역하는 아들 압살롬으로부터 피하기 위해 궁전을 떠났다. 괴롭히는 자들과 대적들의 비웃음이 그를 심히 고통스럽게 했는데, 이를 바탕으로 기록된 본 시편은 ① 다윗의 비탄(1,2절) ② 하나님께 대한 강한 신뢰의 고백(3,4절) ③ 두려움 없는 평안한 잠(5,6절) ④ 구원을 간구함(7,8절)으로 이루어져 있다.

## 하나님의 도우심을 신뢰하는 다윗

『**주**여, 나를 괴롭히는 자들이 어찌 그리 많은지요! 나를 대적하여 일어서는 자들이 많나이다. 많은 자들이 나의 혼을 가리켜 말하기를 "그에게는 하나님의 도움이 없다." 하나이다. 셀라』(1,2절).

시편 3편의 배경은 압살롬의 반역을 다루는 "사무엘하 15,16장"이다. 본문 2,4,8절에서는 『**셀라**』라는 단어가 나오는데, 이것은 "그리스도의 재림"에 관한 문맥에서는 등장하는 표현이다. 『**셀라**』는 40개의 서로 다른 시편에서 모두 71번 나오며, 하박국 3장에서 3번 더 나타난다(합 3:3,9,13). 하박국 3장은 장 전체가 "재림"에 관한 내용이다. 말하자면 "셀라"는 재림에 관한 문맥에서 등장하는 특별한 단어인 것이다. "재림의 영광"이나 "대환란의 고통,", "왕의 위엄," "환란 중에 유대인들이 도움을 받는 것" 등, 포괄적으로 "재림"을 다루는 문맥에서 "셀라"가 등장한다. 일례로 본문 1,2절의 "셀라"는 대환란을 통과하면서 대적들에게 조롱당하는 유대인 환란 성도들을 보여 준다. 4절은 그러한 고통 중에 주님께 부르짖는 환란 성도들의 기도를 보여 준다. 6,7,8절에서는 그 유대인들을 위해서 복수해 주실 주님의 재림을 촉구한다. 『**수만이 나를 대적하여 포위해도 내가 두려워하지 않으리이다. 오 주여, 일어나소서. 오 나의 하나님이여, 나를 구원하소서. 주께서는 나의 모든 원수들의 턱뼈를 치셨으며 주께서 악인들의 이를 부수셨나이다. 구원은 주께 있으며 주의 복은 주의 백성 위에 있나이다. 셀라**』(6-8절).

다윗은 그를 괴롭히는 자들로 인해 괴로워하고 있다(1절). 이 시점에서 다윗을 괴롭게 한 대적은 아들 "압살롬"이었다. 발바닥부터 머리 끝까지 흠이 없었던(삼하 14:25), 그토록 사랑스러워서 사랑스럽게 키웠을 아들이 아버지 다윗을 대적해 칼을 든 것이다. 그러나 다윗을 대적한 것은 압살롬만이 아니었다.

반역의 음모가 굳어지자 압살롬과 함께하는 백성은 계속 늘어났고, 이스라엘의 민심은 압살롬에게 넘어가 있었다(삼하 15:12,13). 『**주여, 나를 괴롭히는 자들이 어찌 그리 많은지요! 나를 대적하여 일어서는 자들이 많나이다**』(1절). 성경 속 이야기를 아는 우리는 이 다윗의 기도를 실감한다. 다윗이 떠나자 압살롬과 "이스라엘 사람 모든 백성"이 예루살렘에 도착한 것이다(삼하 16:15). 『**사울이 죽인 자는 수천이요, 다윗이 죽인 자는 수만이라.**』(삼상 18:7)라며 뛰놀며 서로 화답하던 여인들도, 『**보소서, 우리는 왕의 뼈요, 왕의 살이니이다.**』(삼하 5:1)라고 말하던 이스라엘 지파들도, 헤브론에서 그에게 기름을 부어 왕으로 삼던 이스라엘의 장로들도(삼하 5:3) 그의 대적이 되었다. 도피하는 다윗의 마음에는 그들의 노래와 그들의 고백과 그들이 그의 머리에 부었던 기름이 가슴 아픈 기억이 되어 저 멀리 사라져 갔으리라.

그때 다윗에게 들려오는 것은 『**그에게는 하나님의 도움이 없다.**』(2절)라는 말이었다. 그것은 그가 하나님께 버림받았으며, 결국 압살롬에게 죽임을 당할 것이라는 말과 같았다. 하나님의 자녀가 인생의 어려운 문제에 직면했을 때 "그에게는 하나님의 도움이 없다," "네 하나님이 어디 있느냐?"라는 말만큼 고통스러운 것이 없다. 그 빈정거림은 그 성도의 눈물이 밤낮으로 그의 음식이 되게 하며, 칼로 그의 뼈를 찌름과 같은 것이다(시 42:3,10). 그러나 다윗의 확신은 흔들리지 않았다. 그는 하나님께서 적시적기에 그의 기도를 듣고 응답하실 것을 믿었다. 다윗은 "믿음의 사람"이었던 것이다!

『그러나, 오 **주**여, 주는 나의 방패시요, 나의 영광이시며 내 머리를 들어올리시는 분이시니이다. 내가 내 음성으로 **주**께 부르짖었더니 그가 그의 거룩한 산에서 내 음성을 들으셨도다. 셀라』(3,4절).

『**그러나, 오 주여**』라는 말씀은 시의 분위기를 낙담에서 확신으로 바꾼다. 위의 3절에서 다윗은 주님과 관련된 세 가지를 말한다. "첫째, 아무도 돕지 않을 때 주님께서 그의 방패가 되신다. 둘째, 왕으로서의 영광이 땅에 떨어졌을 때 주님께서 그의 영광이 되신다. 셋째, 마음이 무너져 머리 들 힘조차 없을 때 주님께서 친히 그의 머리를 들어 올려 주신다." 우리가 낮아질수록 주님은 더욱 높임을 받으신다. 우리가 낮아질 때 주님께서 역사하실 수 있다. 우리에게 스스로를 구원할 능력이 없음을 인정할 때 주님의 구원이 임하는 것이다. **『주께서는 하나님께로부터 나셔서 우리에게 지혜와 의와 거룩함과 구속이 되셨으니 기록된 바와 같이 자랑하는 자는 주를 자랑할지니라』**(고전 1:30,31).

다윗의 도피는 밧세바와 벌인 간음과 그녀의 남편 우리아를 살해한 죄에 대한 징계였다. 하나님께로부터 비롯된 징계에 마음으로부터 순종하는 것이 주님께 징계받는 자의 자세이다. 다윗은 그것이 주님께서 원하시는 바임을 알았는데, 이 점은 사울 집안의 가족 중 한 사람인 시므이가 다윗을 향해 저주하고 돌을 던지며 티끌을 뿌릴 때 그의 머리를 베고 싶어 하는 스루야의 아들들에게 그가 했던 말에서 드러난다. **『너희 스루야의 아들들아, 내가 너희와 무슨 상관이 있느냐? 그로 저주하게 하라. 주께서 그에게 '다윗을 저주하라.' 하셨기 때문이니, 그런즉 누가 '어찌하여 네가 그리하였느냐?'라고 말하겠느냐?... 그를 내버려 두고 그로 저주하게 하라. 이는 주께서 그에게 명하셨음이니라』**(삼하 16:10,11). 징계가 당시에는 즐겁지 않고 슬픈 것 같으나 후에 그로 인하여 훈련된 자들에게는 화평한 의의 열매를 맺게 된다(히 12:11). 다윗은 바로 이 과정을 겪고 있는 것이었다. 다윗은 주님께서 자신에게 하신 확실한 약속을 믿었기에 죄로 인한 징계 속에서도 희망이 빛나고 있음을 알았다. **『네 집과 네 왕국이 네 앞에서 영원히 세워지리라. 네 보좌가 영원히 세워지리라』**(삼하 7:16). 다윗은 사무엘하 7장의 이 "다윗의 언약"에 근거하여 하나님께서 자신을 반드시 회복시키실 것을 믿었다. 압살롬은 주님께서 기름부으신 왕을 대적하는 것이었기에, 사실 위험에 처한 것은 다윗이 아니라 압살롬이었다. 하나님께서는 자신이 기름부으신 왕을 대적하는 자를 대적하신다(시 2:2,3). 하나님께서 기름부으신 자를 대적하는 것은 그에게 권위를 주신 하나님께 대적하는 것과 같기 때문이다.

## 대적들 앞에서 두려움 없는 다윗

『내가 누워 자고 또 깨었으니 이는 **주**께서 나를 붙드심이라. 수만이 나를 대적하여 포위해도 내가 두려워하지 않으리이다』(5,6절).

다윗이 받은 고통을 생각하면, 그가 밤에 단잠을 잘 수 있었다는 사실은 실로 눈여겨볼 만한 일이다. 수만이 그를 대적하고 포위해도 그가 두려움 없이 잠을 잘 수 있었던 힘은 어디에서 나온 것일까? 제2차 세계대전 때 영국의 런던 시민들은 독일군의 연이은 폭격에 밤잠을 자지 못하고 있었다. 전체 시민이 잠 못 이루며 불안에 떨고 있을 때 오직 한 할머니만이 평안히 잠을 청했다. 누군가가 그 비결을 묻자 할머니는 대답했다. "나는 매일 밤 기도해요. 기도하고 나면 하나님께서 나를 항상 지켜주신다는 확신이 들어 이내 평안히 잠들게 됩니다. 사실 하나님과 내가 둘 다 깨어 있을 필요는 없잖아요?" 『**너를 지키시는 그는 졸지 아니하시리로다. 보라, 이스라엘을 지키시는 그는 졸지도 아니하시고 주무시지도 아니하시리라. 주께서는 너를 지키시는 분이시니 주께서 네 우편에서 네 그늘이 되시는도다. 낮에 해가 너를 치지 못할 것이며 밤에 달도 치지 못하리로다**』(시 121:3-6). 환난을 당하는 성도의 평안한 잠은 주님의 붙드시는 힘에 의해서만 가능하다. 성도가 잠이 안 오면 양을 세거나 숫자를 거꾸로 셀 것이 아니라 주님께 기도해야 한다. 때로는 좋은 베개, 푹신한 침대가 좋은 잠을 가져오기도 하지만, 참으로 좋은 잠은 주님께서 그분을 찾고 기도한 성도에게 주시는 그날의 보상이다.

대적들 앞에서 보인 다윗의 평안은 "시편 23:5"에서도 드러난다. 『**주께서 내 원수들의 면전에서 내 앞에 식탁을 마련하시나이다.**』 다윗은 원수들이 눈앞에 있을 때 주님께서 자신 앞에 식탁을 마련해 주신다고 말한다. 말하자면 선한 목자의 양인 우리가 원수들과 치르는 영적 전쟁은 결코 다급하거나 불안하지 않다는 것이다.

과거 이스라엘이 이집트를 나와 홍해 앞에 이르렀을 때, 파라오는 노예들을 놔 준 것을 크게 후회하며 병거 600대를 이끌고서 쫓아왔다. 이러한 상황에서 이스라엘은 매우 다급해졌다. 앞으로 가면 홍해에 빠져 죽고, 뒤로 가자니 파라오의 군대와 마주쳐야 했다. 『**파라오가 가까이 다가올 때 이스라엘 자손들이 눈을 드니, 보라, 이집트인들이 그들에게로 진군해 오는지라, 이스라엘 자손들이 심히 두려워하며 주께 부르짖었더라. 그들이 모세에게 말하기를 "이집트에 무덤이 없어서 네가 우리를 이끌어 내어 광야에서 죽게 하느냐? 어찌하여 네가 우리를 이집트에서 데리고 나와서 우리에게 이같이 행하느냐? 우리가 이집트에서 너에게 한 말이 이것이 아니냐? 말하기를 '우리를 내버려 두라. 우리가 이집트인을 섬기리라.' 하지 않았느냐? 우리가 광야에서 죽는 것보다 이집트인을 섬기는 것이 더 나았겠노라." 하더라. 모세가 백성들에게 말하기를 "너희는 두려워 말고 가만히 서서 주께서 오늘 너희에게 보여 주실 주의 구원을 보라. 너희가 오늘 본 이집트인을 다시는 영원히 보지 못하리라. 주께서 너희를 위하여 싸우시리니 너희는 가만히 있을지니라." 하더라**』(출 14:10-14). 이스라엘이 홍해 앞에서 우왕좌왕하며 어쩔 줄 몰라 할 때 『**너희는 두려워 말고 가만히 서서 주께서 오늘 너희에게 보여 주실 주의 구원을 보라.**』라고 했던 모세의 말은 『**주께서 내 원수들의 면전에서 내 앞에 식탁을 마련하시나이다.**』(시 23:5)와 맥을 같이한다. 즉 원수들 앞에서 평안하라는 것이다. "불안해하지 말고 평안하라. 주님께서 싸워 주실 것이니 두려워 떨지 말라." 파라오의 군대는 결국 홍해에 빠져 죽었고, 이스라엘은 홍해를 안전하게 건넜다.

모세가 파라오의 군대 앞에서 "평안"을 유지할 수 있었던 것은 이전에 주님께서 파라오의 군대를 멸할 것이라고 하셨던 "말씀"을 신뢰했기 때문이다. **『내가 파라오의 마음을 완악하게 하리니 그가 그들의 뒤를 좇으리라. 그리하여 내가 파라오와 그의 모든 군대 위에서 영예를 얻으리니 이집트인들로 내가 주인 줄 알게 하리라』**(출 14:4). 그리스도인 역시 인생에 문제가 생길 때, 어떤 두려운 일이 일어날 때 "평안"을 잃지 않아야 하는데, 이 역시 "말씀"을 신뢰할 때 가능하다. **『하나님은 우리의 피난처요 힘이시며, 고난 중에 나타나시는 도움이시라.』**(시 46:1), **『나의 도움이 하늘과 땅을 지으신 주께로부터 오는도다.』**(시 121:2)와 같은 말씀을 신뢰함으로써 평안해질 수 있는 것이다.

따라서 영적 전쟁 중인 그리스도인은 주님께서 마련해 주신 식탁에서 "영의 식사"를 함으로써 평안을 향유할 수 있어야 한다. 영적 전쟁 중인 성도를 위해 차려진 식탁에는 "하나님의 말씀"이 놓여 있다. 이 세상을 지나는 동안 주님께서 우리 앞에 차려 주신 식탁은 "말씀의 식탁"이다. 주님께서는 원수들 앞에서 "말씀"을 먹으며 "평안"히 있으라고 명령하신다. 식탁 위에 차려진 말씀의 빵(마 4:4), 말씀의 사과(잠 25:11), 말씀의 꿀(시 119:103), 말씀의 고기(고전 3:2, 히 5:14), 말씀의 젖(히 5:13, 벧전 2:2), 말씀의 물(엡 5:26)을 섭취하며 평안히 있으라고 명령하시는 것이다. 말씀의 식탁에서 평안히 말씀을 먹는 성도를 원수들은 어떻게 할 수가 없다. 왜냐하면 그 말씀이 그 성도의 마음을 지배하고 있는 탓에 어떤 공격에도 흔들리지 않기 때문이다. 영적 전쟁에서 평안을 잃지 않고 주님께서 싸워 주실 것을 기대하는 것이 그리스도인의 살아 있는 믿음이다. "전사"(출 15:3)이신 주님께서는 그분의 말씀을 믿고 의지하는 성도를 위해 싸워 주실 것이다.

## 구원은 주께 있다!

『오 **주**여, 일어나소서. 오 나의 하나님이여, 나를 구원하소서. 주께서는 나의 모든 원수들의 턱뼈를 치셨으며 주께서 악인들의 이를 부수셨나이다. 구원은 **주**께 있으며 주의 복은 주의 백성 위에 있나이다. 셀라』(7,8절).

이제 다윗은 간구한다. 『**오 주여, 일어나소서. 오 나의 하나님이여, 나를 구원하소서. 주께서는 나의 모든 원수들의 턱뼈를 치셨으며 주께서 악인들의 이를 부수셨나이다**』(7절). 주님께서는 징계를 겸손하게 통과한 성도의 편에 서 주신다. 징계를 달게 받고 있는 다윗은 이제 하나님께서 일어나셔서 그의 편에서 움직이시고 그의 기도에 귀를 기울이실 것을 간구하고 있다. 즉 **주님께서 지금까지 다윗의 모든 원수들의 턱뼈를 치셨고 악인들의 이를 부수신 분이심을 "상기"시켜 드리고 있다**. 그 힘이 턱과 이빨에 있는, 포악한 짐승 같은 원수들을 친히 무력하게 만드셨던 주님께서 "**지금도 다시**" 다윗을 위해 일어나셔서 구원해 주실 것을 확신 가운데 간구하고 있다. 이것은 사도 바울 또한 믿음으로 기록했던 바이다. 그 역시 포악한 사자의 입에서 구출되었던 일에 대해 다음과 같이 기록했다. 『**또 내가 사자의 입에서 구출되었느니라. 주께서는 나를 모든 악한 일에서 구해 내시고, 그의 하늘나라에 이르기까지 나를 보호하시리니, 영광이 그분께 영원무궁토록 있기를 원하노라. 아멘**』(딤후 4:17,18). 이 말씀은 주님께서 사도 바울을 베드로전서 5:8의 "울부짖는 사자"로부터 구해 주셨다는 뜻으로 해석할 수 있다. 바울은 과거에 자신을 구해 주신 주님께서 이후로도 모든 악한 일에서 구해 내시고 그가 하늘나라에 이르기까지, 즉 그가 『**달려갈 길**』(딤후 4:7)을 마칠 때까지 보호해 주실 것을 믿은 것이다.

성도는 삶에 어려운 일이 닥칠 때 주님께서 지금까지 이루어 주신 일들을 진지하게 돌아보아야 한다. **주님께서는 지금껏 우리를 위해 얼마나 신실하게 행하셨던가?** 인생에 문제가 생길 때마다 도우셨던 주님의 신실하신 손길을 떠올려 보라. 그 신실하심에 의지하여 **지금도 여전히**, **믿음으로** 간절히 기도해야 하는 것이다.

포악한 사자와 같은 다윗의 원수들을 물리쳐 주셨던 주님께서는 압살롬의 반역 때도 여지없이 그분의 신실하심을 나타내셨다. 『**그리하여 백성이 이스라엘을 대적하여 들로 나갔더라. 그때 싸움이 에프라임 숲에서 있었는데 이스라엘 백성이 다윗의 신하들 앞에서 죽임을 당한 그곳에서 그 날 이만 명의 대살육이 있었더라. 전쟁이 나라의 온 지면에 퍼졌으니, 그 날 숲에서 죽은 자가 칼에 죽은 자보다 더 많더라**』(삼하 18:6-8). 아무도, 다윗조차도 "**에프라임 숲**"이라는 주님의 함정에서 이만 명이나 되는 압살롬의 군대가 몰살할 것이라고 생각하지 못했다. 압살롬은 그 숲에 있는 한 상수리나무의 무성한 가지에 머리가 걸려 죽임을 당했다. 구원은 "주님"께 있다. 그 방법도 "주님"께 있다. 성도가 해야 할 일은 "주님"의 신실하심을 믿고 의지하며 간구하는 것뿐이다.

『**구원은 주께 있으며 주의 복은 주의 백성 위에 있나이다. 셀라**』(8절). 역경에서 능히 구원하실 수 있는 "**구원의 하나님**"을 자신의 하나님으로 모신 성도는 복이 있다. 비록 징계 가운데 있다 해도, 그것을 주님의 뜻으로 알고 그 길고 어두운 터널을 통과하면 그 끝에는 빛이 있게 된다. 이것이 주님의 백성이 누리는 복이다. 주님께서는 죄에서 바로잡힌 그분의 자녀를 징계에서 구해 내시고 자신과의 관계를 회복하시는 신실하신 『**아버지**』(히 12:9)이시다.

■ 새롭게 깨달았거나 적용할 내용이 있다면 적어 보세요. ■

# 제1과
# 복습문제

1. "셀라"는 "그리스도의 (          )"에 관한 문맥에서는 등장하는 표현이다.

2. 압살롬에게 쫓기는 다윗을 괴롭혔던 말은 그의 혼을 가리켜 "그에게는 (          )의 도움이 없다."라고 하는 것이었다.

3. 다윗은 사무엘하 7장의 이 "(          )"에 근거하여 하나님께서 자신을 반드시 회복시키실 것을 믿었다

4. 영적 전쟁 중인 성도가 그의 대적들 앞에서 (          )을 신뢰할 때 평안을 유지할 수 있다.

5. 『(          )은 주께 있으며 주의 복은 주의 백성 위에 있나이다. 셀라』 (시 3:8).

■ 새롭게 깨달았거나 적용할 내용이 있다면 적어 보세요. ■

# NOTES

# 제2과
# 사울의 손에서 구해 내신 날에(18편)

『오 나의 힘이신 **주**여, 내가 주를 사랑하리이다. **주**는 나의 반석이시요 나의 요새시며 나의 구원자시라, 나의 하나님이시며 내가 신뢰할 나의 힘이시요, 나의 방패시며 나의 구원의 뿔이시며 나의 높은 망대시니이다』(시 18:1,2).

## 사울의 손에서 구해 내신 날에(18편)

시편 18편 표제는 『**악장에게, 주의 종 다윗의 시, 주께서 다윗을 그의 모든 원수들의 손과 사울의 손에서 구해 내신 날에, 그가 이 노랫말로 주께 고하여 말씀드리기를**』이다. 시편 18편은 다윗의 구원의 노래로 사무엘하 22장의 내용과 거의 흡사하다. 하지만 시편 18편은 또한 위대한 메시야 찬양시로서, 이스라엘의 환란과 구원, 환란 성도들의 환란 후 휴거 그리고 그리스도인의 실행 등과 관련하여 풍성한 교훈들과 예언들을 볼 수 있다.

## 나의 힘, 나의 구원이신 하나님(1-3절)

다윗왕은 하나님께서 자신에게 어떤 분이신지를 비유로 나타내 보이고 있다. 바로 반석이시요, 요새시며, 구원자시요, 힘이자 방패시요 구원의 뿔이시며 높은 망대시라는 것이다. 이러한 비유는 만군의 주(시 24:10)이신, 전쟁을 주관하시는 하나님께 들어맞는 특징을 나타내 보이고 있다. 아울러 이러한 특징은 그리스도인의 영적 전쟁에 있어서도 필요한 것이 된다. 요새는 포위당했을 때 방어전을 위해 필요하다. 구원자는 오랫동안 포위당한 채 싸우다가 음식이 고갈되어 갈 때 필요하다. 힘은 적극적인 싸움을 싸우기 위해 필요하다. 방패는 전쟁 간에 필요한 인력과 장비 등, 지켜야 할 것들을 지키기 위해 필요하다. 높은 망대는 적의 동태를 살피며 먼 거리를 살펴보기 위해 필요하다. 『**반석**』은 고린

도전서 10:4과 신명기 32:31 말씀의 반석과 동일한 반석이다. 반석은 견고하고 흔들리지 않는 기초가 되어 그 위에 요새를 짓기 위해 필요하다. 마지막으로 『뿔』은 군대를 전쟁터에 모으고(민 10:2) 적군의 사기를 떨어뜨리고(대하 13:14) 승전을 경축하기 위해 필요하다. 전쟁의 사람이었던 다윗 왕이 이런 주 하나님만을 의지하고 달렸던 것처럼 마귀와의 치열한 영적 전쟁을 치르는 그리스도인들도 주 하나님만을 의지하고 마귀와의 모든 영적 전쟁에 충실히 임해야만 하는 것이다.

## 고난 중에 부르짖자 응답하신 하나님(4-19절)

### 1. 고난과 슬픔에 대해 이야기하는 다윗(4,5절)

4,5절에서 다윗은 죽음의 슬픔, 지옥의 슬픔이 자신을 에워쌌다고 말한다. <u>죽음에는 슬픔이 있다</u>. 눈이 안 보이고 귀가 안 들리기 시작하면서 즐거움과 의욕이 완전히 사라지고, 몸 여기저기에서 문제가 생기며 죽음이 엄습해 올 때, 거기에는 사랑하는 사람들과 떨어지면서 작별 인사를 해야만 하는 비통함과 슬픔이 있다. <u>지옥에서의 슬픔은 돌이킬 수 없는 더 비참한 슬픔이다</u>. 지옥에서의 슬픔은 하나님으로부터 떨어짐, 감옥의 상태(애 3:1-3), 응답되지 않는 기도(애 3:8), 채워지지 않는 갈망(눅 16:24), 신체적인 고통(마 25:46), 그리고 후회(단 12:2)가 포함된다. 이를 또한 경건치 아니한 자들을 홍수로 비유한다. 왜냐하면 홍수는 무시무시한 위력으로 생명과 재산을 파괴하며 빠른 속도로 움직여 이전에 세워진 것들을 모두 쓸어버리기 때문이다. 원수는 "<u>**홍수처럼**</u>" 온다(사 59:19). 『**죽음의 덫**』은 덫이 놓인 줄 모르는 사람을 갑작스럽게 덮친다(전 9:12). 일단 이 덫에 걸리면 아무도 빠져나올 수 없다(전 8:8). 모든 사람

의 길에 이 덫이 놓여 있고 많은 사람들이 이 덫에 걸리고 있다.

## 2. 환란 성도의 휴거와 재림(6-14절)

6절에서는 그리스도인이 고난을 당할 때 과연 누구를 의지할 수 있겠는가 하는 질문을 던져 볼 수 있다. 고난이 닥칠 때, 대게는 당장 도움을 받을 수 있어 보이는 사람에게 손을 뻗기 마련이다. 하지만 하나님께서는 사람에게 의존함을 그치라고 말씀하신다. 왜냐하면 사람의 호흡은 그의 콧구멍에 있기에 호흡이 멈추면 죽어 버릴 사람은 아무것도 존경받을 것이 없기 때문이다(사 2:22). 따라서 헛것보다도 못한 사람이 아닌 능하신 팔을 가지신 하나님만을 의지하고 의뢰하며 하나님만을 바라봐야 한다. 『**내 혼아, 너는 하나님만 기다리라. 나의 기대가 그로부터 오는도다**』(시 62:5).

7절 이후로는 환란 성도의 휴거와 재림에 관한 말씀이다. 7절 말씀은 요한계시록 6:12과 11:19의 상황을 묘사하고 있다. 이 일들은 재림에 앞서 일어날 일들이다. 주님께서는 이스라엘의 출애굽 여정 가운데 하늘들을 기울이사 내려오신 적이 있으시다(9절, 출 19:11,18). 그리고 이제 곧 하늘들과 땅들을 흔드시며(7절, 학 2:6, 히 12:25,26) 또 다시 이 땅에 내려오실 것이다. 한 가지 주목할 사실은 예수 그리스도께서 재림하실 때에는 폭풍과 회오리바람이 동반된다는 사실이다.

『내가 보았더니, 보라, 북쪽에서 회오리바람과 큰 구름과 불덩어리가 나오는데 그 주위에 광채가 있으며 그 가운데 불 한가운데서 나온 것은 황갈색 같더라』(겔 1:4). 『보라, 주가 불과 함께 올 것이며, 회오리바람과 같은 그의 병거들과 더불어 오리니 진노함으로 그의 분노를, 불꽃으로 그의 책망을 나타내리라』(사 66:15).

『보라, 주의 회오리바람이 진노 가운데서 나갔으니 아주 심한 회오리바람이라. 그것이 악인의 머리 위에 가혹하게 떨어지리라. 주의 분노는 그가 실행하여 자기 마음의 생각들을 이루기까지는 돌이키지 아니하나니 훗날들에 너희가 그것을 완전히 깨닫게 되리라』(렘 23:19,20). 『주께서 그들 위에서 보이시리니, 그의 화살이 번개같이 나갈 것이요, 주 하나님께서 나팔을 부시리니, 남풍의 회오리바람과 함께 나갈 것이라』(슥 9:14).

재림 때 주님의 회오리바람은 그분의 진노 가운데 나가게 된다. 즉 악인들을 심판하는 도구로서의 회오리바람을 악인들에게 보내시어 그들을 쭉정이처럼 날려 버리시는 것이다.

『민족들이 큰 물결의 쇄도함같이 밀려들 것이나 하나님께서 그들을 책망하시어 그들이 멀리 도망하리니 마치 바람 앞에 있는 산들의 쭉정이같이, 회오리바람 앞에 돌아가는 물건처럼 날아가리라』(사 17:13).

### 3. 둘째 하늘과 셋째 하늘을 가로막고 있는 깊음(15-19절)

15절에 물들의 통로, 16절에 많은 물들과 같은 말씀은 둘째 하늘과 셋째 하늘을 가로막고 있는 깊음(the deep)을 말한다. 그리스도께서는 루시퍼에게 죄악이 발견된 이후로 온 우주를 물로 심판하셨다(창 1:2). 이후에 그 물들 가운데 창공이 있으라고 말씀하시며 창공 위에 있는 물들과 창공 아래 있는 물들로 나누셔서(창 1:6,7) 둘째 하늘과 셋째 하늘에 경계를 두셨다. 셋째 하늘에 계신 예수 그리스도께서 바로 그 물들인 깊음을 통과해 재림하시는 것이다. 즉, 여기서 발견되는 물들을 홍해로 보고 단순히 출애굽 때 홍해를 건너는 사건으로 적용하여 끝나는 말씀이 아니라 미래에 있을 사건을 예언하고 있는 것이다. 따라서 이후의 29절 말씀에서는 재림 이후에 있을 아마겟돈 전쟁에 대한 묘사가 뒤따라 나오는 것을 볼 수 있다.

## 나의 의대로 갚으시는 공의로우신 주님(20-31절)

### 1. 구약 시대의 의와 재림(20-24절)

이 구절들은 교회 시대에 그리스도인들에게는 적용하기는 어려운 구절이다. "자기 의"가 강조되기 때문이다. 다윗은 종종 자기 자신을 말하는 가운데 예수 그리스도를 말하기도 하기에, 이를 예수 그리스도께로 적용해 볼 수도 있다. 하지만 그렇게 적용하면 그분이 그분의 『죄악』으로부터 그분 자신을 지켜야 하시는 것이 되기 때문에 여기서는 그렇게 적용할 수는 없다(23절). 따라서 다윗은 예수 그리스도의 모형으로서 자기 자신의 승리들을 시적으로 말하고 있는 가운데 동시에 이후의 말씀들에서 예수 그리스도의 문자적인 재림을 묘사하고 있는 것으로 보아야 한다.

### 2. 환란 시대의 유대인들과 단련된 주의 말씀(25-31절)

20절에서부터 자신의 의를 내세우던 말씀이 25절과 26절로 이어진다. 다윗의 구원에서 "**눈에는 눈, 이에는 이**"와 같은 구약적인 요소가 발견되는 것이다. 그래서 다윗은 주께서 자신의 의에 따라 자신에게 갚으셨다고 말하는 것이다.

이러한 구약시대의 구원의 방법은 신약 시대에 은혜로 말미암아 믿음으로 받는 구원과는 거리가 멀다. 그래서 구약 시대에 성도들이 십자가를 바라보며 구원을 받는다고 주장하는 배교한 근본주의자들은 이런 구절에서 딜레마에 빠지게 된다. 그래서 이 말씀은 그리스도의 심판석에 관한 말씀이라고 에두른다. M.R. 디한 박사도 히브리서 6장을 주석할 때 그렇게 했다. 하지만 이 말씀들은 그리스도의 심판석과는 하등 관련이 없고 오히려 마태복음 5:3,6,10의 산상설교와 더 잘 들어맞는다. 이 문맥은 천년왕국에 들어가기 위한 가르침에 해당되는 말씀이다.

27절은 환란 때의 유대인들에 대한 직접적인 언급이다. 28절은 비유적이지만, 하나님께서 출애굽기 10:23에서 하셨고 또 미카 7:8에서 그렇게 되리라고 하신 것과 똑같이, 어둠 속에서 실제 빛을 주시는 것을 언급한다. 다윗의 『**촛불**』은 영적인 의미에서, 왕으로서 예루살렘에 있는 그의 "**빛**"이었다(렘 25:10, 왕상 11:36). 29절의 말씀은 다윗이 실제적으로 전쟁 가운데 행했던 일이지만, 주 예수 그리스도의 재림과 관련하여 그분의 뒤를 따르는 군대들이 다시금 그와 같은 일들을 행할 것에 관한 예표이기도 하다(욜 2:7,25).

30절에서 이제 우리는 『**주의 말씀은 단련되었으며**』라는 말씀을 본다. 그 말씀이 의미하는 그대로다. 주의 말씀은 은과 금이 단련되듯이 단련된다(시 12:6). 그 말씀은 사탄에 의해서(창 3:1) 단련되었고, 성경 개정위원회에 의해 단련되었으며, 무모한 죄인들에 의해서 단련되었다(시 14:1). 그 말씀은 또한 그리스도인들이 기도를 하며 약속들을 주장할 때도 단련되었으며, 또 시간에 의해서도 단련되었는데, 이는 371년의 기간에 걸쳐 5만 명의 학자들이, 읽기 쉬워 의미가 잘 통한다는 최신 번역본들로 대체함으로써 그 말씀을 제거하려 들었기 때문이다. 그 말씀은 "**육신으로**" 나타나셨을 때조차 단련되었다. 그 말씀은 누가복음 4장과 마태복음 4장에서 시험받으셨으며, 예수 그리스도께서 말씀이시면서 말씀을 가지고 대답하셨던 것이다.

시편 제1권의 주제인 "신뢰"와 관련된 말씀이 30절에서 다시 나타난다. 31절은 신명기 32:31로 이어져서 다시금 이 문맥이 교회 시대나 다윗 당시가 아니라, 환란 때임을 보여 준다. 물론 영적인 적용을 할 수는 있지만 시편 18:32-49의 "**반석**"께서는 이방인들을 발로 짓밟아 죽이며, 그 후 군사독재 체제를 수립하여 그들을 다스리실 것이다.

## 전쟁에 능력을 주시는 승리의 하나님(32-42절)

이 말씀들은 역사적으로 다윗이 겪었던 일들 그리고 그 가운데서 주시는 주님의 승리에 관한 말씀이다. 하지만 역사적인 적용으로만 끝나지 않고 예언의 이중 적용에 따라 재림 가운데 능력과 승리를 주시는 예언적 적용이 가능하다. 재림에 관한 말씀은 요한계시록 14장, 19장, 요엘 2장, 이사야 63장, 시편 68편, 하박국 3장에 제시되어 있다. 그리스도께서는 하나님과 그의 보좌 앞으로 들려 올라(계 12:5) 가셔서(16,33절) 한 군대에게 주어지신다(계 19:14). 다윗은 35-39절에서는 자기 자신에 대해 이야기한다. 그러나 여전히 거기에는 예언의 이중 적용이 있다. 40-46절 등에서는 어김없이 예언의 이중 적용이 가능하다.

## 이방 가운데 높임받으실 하나님을 찬양하라(43-50절)

사람들을 쳐서 먼지처럼 부서뜨리는 분은 예수 그리스도시다(단 2:35). 『**이방의 머리**』가 되시는 분도 주 예수 그리스도시다(48절). "**원수를 갚게**" 되는 분도 주 예수 그리스도시며, 타국인들은 그분께 복종하거나(44절), 아니면 도망하고 숨을 것이다(45절, 계 6:16). 자기를 미워하는 자들을 멸망시키는 분도 예수 그리스도시며(40절), 그분은 자기를 대적하여 일어서는 자들을 굴복시키실 것이다(39절). 『**그가 그 악한 자들을 비참하게 죽일 것이며**』(마 21:41).

48절의 『**난폭한 자**』는 시편 10:18의 "**땅의 사람**"이며, 그를 따르는 자들은 시편 17:14의 "**세상 사람들**"이다. 환란 성도는 "**하나님의 계명들**"을 지키고 "**예수 그리스도의 믿음**"을 가짐으로써(계 12:17, 계 14:12) 이 "**사람**"으로부터 구해냄을 받는다.

영적으로 적용해 볼 때, "**여러분은 선한 싸움을 싸우는가?**"(34절) 하나님께서는 그리스도인에게 도망치거나 싸움을 거부하라고 말씀하시지 않으신다. 선한 싸움을 싸워야 하는 것이다. 바울의 "**전신 갑옷**" 중 세 부분이 본문에서 발견된다(30,32,33절). 43절에서는 우리 주 예수 그리스도의 위대하신 모습을 보게 된다. 이 시대에 그분은 단지 교회의 "**머리**"셨지만(엡 1:22), 천년 왕국에서 그분은 『**이방의 머리**』도 되실 것이다! 누가 믿든지 믿지 않든지 간에, 우리가 그 증거를 대든지 못 대든지 간에, 우리가 깨닫든지 못 깨닫든지 간에, 46절에 나오듯이 "**주는 살아 계신다**". 실재 중의 실재는 하나님 그분이시다.

시편 18편은 49절과 50절로 들어가면서 마무리된다. 우리 주님께서는 "교회 가운데서" 하나님을 찬송하고 계셨지만(히 2:12), 이제 그분은 "이방 가운데서" 주의 이름을 찬송하고 계신다. 다윗 곁에 한 왕이 계실 수 있다는 50절의 미묘한 암시를 관찰해 보라. 다윗은 "그 왕"의 모형이며, 그래서 다윗의 씨는 그리스도의 씨의 모형이다(시편 22:30을 보라). 천년왕국에서 예수 그리스도는 다윗의 보좌에 앉으시는 왕이시지만(눅 1:30-34), 다윗은 이스라엘 백성 가운데에 있는 한 "통치자"(겔 44:3)이다.

## 제2과
# 복습문제

1. 예수 그리스도께서 재림하실 때 폭풍과 회오리바람이 동반된다. ( O , X )

2. 시편 18:15절에 물들의 통로, 16절에 많은 물들과 같은 말씀은 둘째 하늘과 셋째 하늘을 가로막고 있는 깊음(the deep)을 말한다. ( O , X )

3. 근본주의자들의 주장대로 구약 시대에 성도들은 십자가를 바라보며 구원을 받았다. ( O , X )

4. 시편 18:32-48의 말씀은 전쟁에 능력을 주시는 승리의 하나님에 관한 말씀인데 예언의 이중 적용에 따라 재림 가운데 능력과 승리를 주시는 주 하나님에 관한 말씀으로도 적용할 수 있다. ( O , X )

5. 예수 그리스도께서는 교회 시대에 단지 교회의 "머리"셨지만(엡 1:22), 천년왕국에서 그분은 『이방의 머리』도 되실 것이다. ( O , X )

■ 새롭게 깨달았거나 적용할 내용이 있다면 적어 보세요. ■

# NOTES

# NOTES

### 제3과

# 궁을 봉헌할 때(30편)
# 아비멜렉을 떠날 때(34편)

『**주**께 노래하라, 오 너희, 그의 성도들아. 그의 거룩하심을 기억하여 감사를 돌릴지니 그의 진노는 한순간이어도 그의 은총은 평생임이라. 밤새도록 울음이 지속될지라도 아침이면 기쁨이 오리로다』(시 30:4,5).

## 다윗의 궁을 봉헌할 때(30편)

시편 30편의 표제는 『**다윗의 궁을 봉헌할 때의 시와 노래**』라고 되어 있다. 다윗왕은 궁을 봉헌하며 하나님께서 왕인 자신에게 행하신 일들을 돌이켜 본다. 그리고 자신의 마음이 담긴 고백을 시와 노래를 통해 하나님께 돌려 드린다.

## 하나님께서 다윗에게 하신 다섯 가지 일들(1-3절)

1-3절의 말씀에는 하나님께서 다윗왕을 위해 하신 다섯 가지 일들이 제시되어 있다.

1. 하나님께서는 그를 높이셨다(1절). 2. 하나님께서는 그의 대적들이 그를 이기고 기뻐하지 못하게 하셨다(1절) 3. 하나님께서는 그를 고쳐 주셨다(2절). 4. 하나님께서는 그에게 혼의 생명뿐만 아니라 육체적인 생명도 주셨다(3절) 5. 하나님께서는 그가 지옥에 가지 않게 지켜 주셨다(3절).

이 다섯 가지 일들은 모두 신약 시대의 그리스도인들에게 적용할 수 있다. 하지만 예외적인 때가 있다. 예를 들어 종종 우리의 대적들은 우리의 슬픔을 볼 때 기뻐하고 우리가 흘리는 눈물에 미소를 지을 것이다. 빌립보 성도들을 반대하는 자들은(빌 1:28) 그들을 박해하며 즐거워하고 있었고, 바울의 대적들은 감옥에 갇힌 그로 인해 복을 누리고 있었다(빌 1:15-19). 또 구원받았을 때 신체적인 치유를 얻지 못했을 수도 있다. 하지만 여러분은 지금 영적으로 치유되었으며, 나중에는 육체적으로도 완전히 치유받을 것이다(롬 8:18-22). 이와 같은 예외가 있지만, 기본적으로 그리스도인들에게 적용하여 위로와 교훈을 얻을 수 있다.

## 다윗 왕의 고백(4-10절)

5절에서 『**밤새도록 울음이 지속되지라도**』라고 말씀한다. 누구도 알지 못하고 또 공감하지도 못할, 쉽게 해결되지 않는 인생의 문제가 있을 수 있다. 병으로 인한 고통으로 눈물이 마를 날이 없는 성도가 있을 수도 있다. 종종 울음이 지속되는 날은 하룻밤보다 훨씬 더 오래 지속된다. 그래서 다윗은 눈물이 밤낮으로 그의 음식이 되었다고 말한다(시 42:3). 욥은 자신의 눈이 하나님을 향해 눈물을 낸다고도 말했다(욥 16:20). 하지만 바카 골짜기, 곧 눈물의 골짜기를 통과하며 눈물로 밤을 지새우더라도 자기의 힘을 주께 두고 계속해서 주를 찬양하며 힘을 얻기 위해 하나님을 의지하려는 성도에게는 자신의 눈물을 기운을 돋우는 물로 바꿀 수 있다(시 85:4-7; 롬 8:28).

이 구절을 통해 영적 교훈뿐만 아니라 현 시대의 경륜을 볼 수도 있다. 즉 이 "울음"은 바울이 말한 『**현재의 고난들**』(롬 8:18)과 『**우리가 잠시 받는 가벼운 환난**』(고후 4:17) 등을 말하는 것이다. 그리고 아침은 "하늘의 아침" 또는 "재림의 아침"이다(말 4:2). 다윗은 말하기를, 그가 깨면 하나님의 모습으로 만족할 것이라고 말했다(시 17:15).

6절은 욥이 말했던 것이고(욥 29:18) 느부캇넷살이 스스로 말했던 것이다

(단 4:30). **타락은 보통 역경 속에서가 아니라 번영 가운데서 시작된다**. 누가복음 12:18에 나오는 부자는 이 점에서 다윗과 일치하고 있다. 우리는 우리가 번영하고 있을 때 어리석은 짓들을 행한다. 다윗은 자기가 가진 좋은 지위가 하나님께로부터 온 것이라는 사실을 알았지만, 일단 그가 왕위에 오른 이상 아무것도 그를 흔들 수 없으리라고 생각하는 실수를 범했다. 그러자 하나님께서는 그분의 얼굴을 숨기셨고(7절, 시 27:9), 다윗은 주님께 부르짖어야 했던 것이다(8절). 사람이 죽어 구덩이로 내려가고 진토가 될 때 그가 주를 위해 할 수 있는 일은 아무것도 없다(9절). 사람이 『**주의 진리를 선포**』하려면 살아 있어야 한다. 아직 생명의 호흡이 붙어 있을 때, 주님을 위해 무엇을 할 것인지 숙고해봐야 한다. 인생은 짧고 죽음은 확실하며 지나가 버린 시간은 다시 되돌아 오지 않는다. 오직 한 번으로 끝나는 것이 인생이며, 그마저도 곧 지나가 버린다. 육신을 위해 계획한 일들은 아무것도 남지 않는다. 오직 그리스도를 위하여 한 일만이 존속할 것이다.

## 그리스도인들에게 주시는 용기(11,12절)

11,12절은 성경에서 그리스도인으로 하여금 예수 그리스도를 증거하는데 용기를 주고 그리스도인들을 고무시키는 가장 위대한 구절들이다. 욥기 26:1-4이 그리스도의 심판석에 대한 진술을 담고 있는 것과 마찬가지로, 시편들은 종종 바울 서신들에 대한 조명을 준다. 시편 30:11,12에는 하나님께서 우리를 구원하신 목적에 대한 실마리가 들어 있다. 우선 하나님께서는 『**나의 슬픔이 춤이 되게**』(11절, 눅 15:25) 하신다. 죄인으로서 지옥에 가야 했지만, 예수 그리스도를 통해 구원을 받고 우리의 비천한 몸이 그분의 영광스러운 몸과 같이 변모될 것을 생각해 볼때, 슬픔이 춤이 되는 것은 당연하다. 또한 하나님께서는 『**나의**

**베옷을 벗기시고, 기쁨으로 띠를 둘러 주셨나이다**』(11절, 골 3:9,10)라고 말씀하신다. 구원받기 전에는 소망도 없고 하나님도 없이 세상에서 홀로 있었으나, 이제 구원받은 후 그리스도인들은 하나님의 아들들이며 "**이스라엘 나라**"에 속한 그리스도와 함께 공동상속자가 되었다(엡 2:12-13).

과연 하나님께서는 이런 일들을 왜 그리스도인들에게 해 주신 것일까? 12절에서 그 답을 제시해 주신다. 『**이는 나의 영광이 주께 찬송하며 잠잠치 않게 하려 하심이라**』(12절). 그리스도께서는 성도들에게 증인이 되라고 말씀하신다(행 1:8). 다윗은 『**주께 구속받은 자들은 그렇게 말할지니**』(시 107:2)라고 말한다. 주님께서 해 주신 일들을 알려야 한다. 잠잠한 그리스도인은 하나님과 성경에 불명예를 끼치는 것이다. 예수 그리스도를 시인하지 않는 것에 그 어떠한 변명도 통하지 않는다. 옛 영국 국교의 신앙 고백에 따르면, 인간의 최고의 목적은 하나님을 영화롭게 하고 그분의 임재를 영원토록 즐거워하는 것이다. 하나님을 영화롭게 해 드리고(12절) 그분의 아들을 자랑하며 그분의 진리(요 17:17)를 선포해야 한다. 그것이 바로 그리스도인이 해야 할 일이며 지금 이 일을 하라고 격려하고 용기를 주고 계신 것이다.

■ 새롭게 깨달았거나 적용할 내용이 있다면 적어 보세요. ■

## 아비멜렉을 떠날 때(34편)

시편 34편의 표제는 『**다윗의 시, 그가 아비멜렉 앞에서 자기의 행동을 바꾸었을 때, 자기를 쫓아내자, 그가 그곳을 떠나서**』이다. 34편에서는 재림과 환란의 교리적 주제들보다 믿는 자의 개인적인 삶에 더 중점을 두고 있다. 34편의 표제에서 우리는 "아비멜렉" 앞에서 미친 척하는 다윗을 보게 된다(삼상 21:10). "아비멜렉"이라는 말은 "나의 아버지는 왕이다."라는 뜻이다. 이 말은 창세기 20장과 26장에서 서로 다른 두 사람에게 사용되는데, 즉 아비멜렉은 "카이사"나 "파라오"와 같은 호칭인 것이다. 여기서의 "아비멜렉"은 "아키스"다. 몇몇 주석가들의 주장대로 34편의 표제가 틀린 것이 아니다.

## 그리스도인에 적용 가능한 영적인 교훈(1-6절)

럭크만 목사님께서는 항상 주를 송축했던(1절) 성경의 인물 두 명을 제시하고 있는데 구약의 "욥"과 신약의 "바울"이다. 욥과 바울에 비견될 수는 없겠지만, 하나님의 사랑과 자비와 은혜를 받은 교회 시대의 그리스도인들도 주를 송축하되 항상 송축할 수 있어야 한다. 주님을 찬양하는 그 찬양의 노래가 항상 그리스도인들의 입에 있어야 하는 것이다. 1절부터 3절까지의 말씀에서 그리스도인들이 주님께 행해야 할 다섯 가지 명령들을 발견할 수 있다. 먼저 그리스도인들은 주님을 찬미해야(magnify) 한다(3절). 곧 그분의 영광을 크게 하고 이방의 목전에서 그분을 크게 만드는 것이다. 그리고 그리스도인들은 주님을 찬양해야(praise) 한다(2절). 곧 우리의 입으로 그분께 경배하는 것이다. 또한 그리스도인들은 주님을 송축해야(bless) 한다(1절). 곧 우리의 행동으로 그분을 행복하게 해드리는 것이다. 아울러 그리스인들은 주님을 자랑해야(boast) 한다(2절). 곧 그분이 하신 일에 대해 자랑하는 것이다. 마지막으로 그리스도인들은 주님을 드높여야(exalt) 한다(3절). 곧 모든 것보다 더 높게, 우리가 할 수 있는 대로 높이 그분을 들어올려야 하는 것이다.

5절에서는 환란을 나타내는 표시가 한 가지 등장하는데, 바로 1인칭 단수가 3인칭 복수(『**그들이**』)로 변하는 것이다. 다른 말씀에서도 이러한 변화를 눈여겨 본다면 문맥의 흐림이나 변화를 파악할 수 있게 된다. 5절에서 얼굴들은 문자적으로 『**광채가**』 난다(히 1:2,3).

6절은 인생의 늦은 시기에 구원받은 사람이 구원 간증을 시작하며 인용하기에 좋은, 가장 위대한 성경구절들 중 하나다. 인생에 온갖 생채기가 난 사람이 주님의 도우심으로 구원을 받는 것이다. 하지만 17절은 6절이 율법하에서 구원받는 것에 일차적으로 적용됨을 보여 준다.

## 수호천사의 유례와 주를 신뢰함(7-10절)

7절 말씀에서 수호천사에 대한 생각이 유래했다. 이와 비슷한 말씀이 마태복음 18:10에 나오는데, 여기서 아이들의 수호천사는 땅에 있는 아이들의 곁이 아니라 셋째 하늘에 있다. 본문에 언급된 『**주의 천사**』는 바울에 따르면 주 예수 그리스도시며(행 27:23, 갈 4:14), 의사 누가에 따르면 여호와이시다(행 7:30). "<u>진치는 것</u>"(7절)은 하나 이상의 천사가 임하는 것을 암시한다(왕하 6:17, 창 32:2). 이 문제에 관해 세부적인 것들을 모두 알지는 못하지만, 성숙

한 그리스도인이라면 시시때때로 하나님께서 여러분의 재산과 자녀들과 자동차와 손자손녀들과 이 세상 소유물과 여러분의 사역을 파멸로부터 보호해 오셨음을 모르는 사람은 없다. 『**주의 천사**』는 진을 치고 여러 번에 걸쳐 우리를 돕는다.

8절에 『**오, 주의 선하심을 맛보아 알지어다.**』라는 말씀은 베드로전서 2:3과 이사야 55:1-3과 어울린다. 여기서 다시 시편 1편의 주제인 "주님을 향한 신뢰"를 확인할 수 있다. 9절에 "부족함이 없다"는 말씀은 "좋은 것들"에 있어서 그렇다는 말씀이다(롬 8:28, 빌 4:19).

## 주를 두려워함을 배워 알라(11-18절)

11절부터 18절까지의 말씀은 "주를 두려워함"에 관한 "가르침"이다. 우선 "주를 두려워함"이라는 말은 욥기 28:28, 시편 111:10, 잠언 8:13; 15:33 등 네 군데에서 정의되어 있다. 시편 19:9과 잠언 10:27은 두려움으로 인해서 생기는 일에 대해 말해 준다. 잠언 14:26,27은 주를 두려워함을 "샘"과 "견고한 신뢰"에 비유하고 있다. "두려워함"은 단순한 경외가 아니다. 벌벌 떠는 "두려워함"을 의미한다. "두려워함"에 해당하는 히브리어 원어나 헬라어 원어를 보더라도 "두려워함"의 뜻은 "경건한 경외심"과 같이 성경을 거부하는 인본주의자가 고안해 낸 뜻이 아니다. 11절에서 『**너희 자녀들아, 와서 내게 경청하라. 주를 두려워하는 것을 너희에게 가르쳐 주리라.**』라고 말씀한다. 주를 두려워하는 것은 하나님의 말씀을 배워서 알 수 있는 것이다. 엄중하신 하나님 앞에, 그분이 살아 역사하고 계시고 그분의 말씀에 이르신 바를 그대로 실행하시는 분이라는 사실을 깨달을 때, 기록된 말씀이 단순한 문자가 아니라, 삶의 실재로 다가올 때 주를 두려워하게 된다. 그렇게 되면 12절 이하의 말씀대로 행동하게 된다.

우선 『**주를 두려워하는 것**』은 『**많은 날들**』을 사랑하고 『**좋은 것**』 보기를 갈구하는 사람들이 해야 하는 것이다(12절). 13절과 14절 말씀에서 주를 두려워함으로 실행해야 할 것들을 알려 주고 계시는데 혀를 악으로부터 지켜야 하며(13절), 『**교활**』을 말하지 말아야 하고(13절), 『**악에서 떠나 선을**』 행해야 한다(14절). 또한 『**화평을**』 구하되(14절) 화평을 얻을 때까지 추구해야 한다(14절). 『**주의 눈**』과 주의 『**귀**』와 『**주의 얼굴**』은 어떤 방향을 향하고 계시는가 하면 곧 『**의인을 향하시고**』(15절) 의인의 부르짖음에 『**열려**』 있으시며(15절) 『**악을 행하는 자들을 대적**』하신다(16절). 이 말씀에는 바울 서신들에는 없는 행위 구원의 요소가 들어 있다. 왜냐하면 교회 시대의 그리스도인들은 단지 악을 행하였다고 해서 땅에서 끊어지지(16절) 않기 때문이다. 구리 세공자 알렉산더는 악을 행하였지만 바울보다 오래 살았다. 데마는 세상으로 돌아갔지만 바울보다 오래 살았다. 자기 계모와 침상을 같이했던 자는(고전 5:1) 회복되었으나(고후 2:5-8) 베드로, 야고보, 요한은 분명히 "<u>**그들의 모든 고난으로부터 구해 냄을 받지**</u>"(17절) 못했다. 스테판도 마찬가지다. 신약에서의 구원은 『**참회하는 영**』(18절)이 조건이 아니라 다시 살아나신 구주를 영접하는 것이 조건이다(롬 10:9, 요 1:12). 따라서 이 말씀들은 경건을 위해 영적으로 적용할 수 있지만, 교리적으로는 구약의 기반 위에서 해석해야 한다.

『**땅에서 그들에 대한 기억을 끊으려 하시는도다**』(16절). 세상의 "<u>위대한 사람들</u>"에 대한 기억은 위대하신 분께서(딤전 6:15, 사 19:20) 나타나실 때 사라져 버릴 것이다. 땅에서 그들에 대한 기억을 철저히 끊으실 것이다.

17절은 휴거 때 그리스도인에게 문자적으로 이루어질 것이다. 19절에서 시편 기록자가 말한 것처럼 바울도 그의 모든 고난에서 "<u>구출</u>"되었다고 말할 수도 있지만 그것은 그가 처형되었을 때였다(딤후 4:18). 그럼에도 주님께서 마음이 상한 자들과 참회하는 영이 있는 자들을 가까이 하신다는 것은(시 51:17) 여전히 사실이다. 그러므로 겸손은 필수적인 것이다. 겸손은 부서진(broken,

"**상한**") 것을 말한다. 옥합이 깨뜨려지고(막 14:3), 빵이 떼어지고(막 6:41), 항아리가 깨뜨려질 때(판 7:20), 바로 그때 향유가 향기를 내고, 많은 무리가 먹게 되며, "**빛**"이 비춰진다. 구원을 가능하게 한 것은 우리를 위해 쪼개진(고전 11:24) 그리스도의 몸이다. 그분의 뼈는 하나도 "**꺾이지**" 않았지만(요 19:36) 그분의 살은 여러 군데 "**찢겨졌다.**" 본문에서 상한 마음은 죄로 인해 상했고, 참회하는 영은 죄의 무거움으로 인해 땅에 쓰러졌다(시 51편). 하지만 예수 그리스도의 피의 공로를 의지하고 주께 부르짖으면, 주님께서는 들으시고 가까이 하시며 구해 내 주실 것이다.

## 예수 그리스도에 관한 예언적 말씀(19-22절)

19절에의 『**의인**』은 20절 말씀을 볼 때 주 예수 그리스도시라는 사실을 알 수 있다. 모든 고난으로부터 구해 냄을 받으셨지만, 모진 고난을 받고 죽으셔야 했던 것이다(20절). 하지만 우리는 여전히 시편 제1권의 주제 곧 "**하나님에 대한 신뢰**"에 관한 말씀을 볼 수 있다. 『**그를 신뢰하는 자는 아무도 황량하게 되지 아니하리라**』(22절). 특히 22절에서 『**구속하시나니**』라는 말은 예언적으로 로마서 3:24과 히브리서 9:15에 적용할 수 있다.

악이 악인을 죽이고, 의인이신 그리스도를 미워하는 자들은 황량하게 될 것이다(21절). 이와 동일한 내용이 잠언 1:28-33의 말씀에 제시되고 있는데, 여기서는 예수 그리스도께서 "**지혜**"로 나타나신다. 부패한 알렉산드리아의 〈칠십인역〉은 20절의 『**그**』를 "**그들**"이라고 변개시켜 메시아에 대한 언급을 지워 버렸다. 그러면서 『**의인**』을 의롭게 사는 그리스도인으로 해석하게 만들었다. 스스로 의롭게 여기는 그리스도인들을 자신들이 "의인"으로 여기게끔 만든 것이다. 이렇게 해서 신구약을 뒤집고 있지만, 성경은 『**의인은 없나니, 없도다, 한 사람**

**도 없도다.**』(롬 3:10)라고 말하고 있다. 성경을 변개시키는 행위나, 구약적인 자기 의를 신약에 가져와 적용시키는 행위를 해서는 안될 것이다.

■ 새롭게 깨달았거나 적용할 내용이 있다면 적어 보세요. ■

# 제3과
# 복습문제

1. 시편 34편의 표제에서 "아비멜렉"은 "아키스"를 잘못 적은 것으로 오류다. ( O , X )

2. 『주의 천사』는 바울에 따르면 ( )시며(행 27:23, 갈 4:14), 의사 누가에 따르면 ( )이시다(행 7:30).

3. "주를 두려워함"이라는 말에서 "두려워하다"의 뜻은 "경건한 경외심"을 말한다. ( O , X )

4. 주를 두려워하는 것은 배워서 알 수 있는 것이다(시 34:11). ( O , X )

5. 시편 제 1권의 주제는 "하나님에 대한 신뢰"이다. ( O , X )

■ 새롭게 깨달았거나 적용할 내용이 있다면 적어 보세요. ■

# NOTES

# NOTES

# 제4과
# 선지자 나단이 왔을 때
## (51편)

『오 하나님이여, 주의 자애하심을 따라 나에게 자비를 베푸소서. 주의 온유한 자비들의 풍성함을 따라 내 죄과들을 지워 버리소서』(시 51:1).

## 나단이 다윗에게 왔을 때의 상황

이스라엘 백성들이 암몬 자손과 전쟁을 벌이고 있었을 때, 다윗은 예루살렘에 머물렀다. 그는 저녁 무렵에 심히 아름다운 한 여인이 목욕하는 모습을 보고는, 사람을 보내 그녀의 신상을 알아오도록 했다. 그녀는 전선에서 싸우고 있는 다윗 휘하의 용사 우리아의(대상 11:41) 아내였다. 그러나 다윗은 끓어오르는 욕정을 참지 못하고 밧세바를 데려오도록 하여 동침하고 말았다(삼하 11:4). 밧세바가 그 일로 인해 임신하자, 다윗은 "완전 범죄"를 꿈꾸며 우리아를 전선에서 불러들였다. 그가 밧세바와 동침하면, 뱃속의 아기가 다윗의 씨라는 사실을 은폐할 수 있기 때문이었다.

그러나 올곧은 사람이었던 우리아는 나만 편안히 쉴 수 없다면서 집으로 가지 않고 왕궁 문에서 잤다. 자신이 원하는 대로 상황이 흘러가지 않자, 다윗은 결국 우리아를 죽이고 밧세바를 아내로 맞는 것으로 계획을 수정했다. 그렇게 우리아는 다윗의 음모로 인해 최전선에서 전사하고 말았다(삼하 11:17). 일련의 사건들을 지켜보며 불쾌하셨던 주님께서는, 기어코 밧세바로부터 득남까지 한 다윗에게 선지자 나단을 보내셨다. 나단은 비유를 통해 다윗을 책망했는데, 다윗은 그것이 자기 이야기인줄도 모르고 성경을 인용해 가며(출 22:1) 화를 냈다. 나단은 "당신이 그 사람이니이다."라는 촌철살인의 일격을 날렸고, 다윗은 그제야 정신을 차렸다. 그리고는 자신의 죄를 회개하며(삼하 12:13) 시편 51편을 지었던 것이다.

## 주만을 거역하여 내가 죄를 지었으며

『오 하나님이여, 주의 자애하심을 따라 나에게 자비를 베푸소서. 주의 온유한 자비들의 풍성함을 따라 내 죄과들을 지워 버리소서... 주, 주만을 거역하여 내가 죄를 지었으며 주의 목전에서 이 악한 행실을 행하였으니 주께서 말씀하실 때에 의롭게 되시고 주께서 판단하실 때에 순전하시리이다』(1,4절).

다윗은 자신의 죄를 자각했을 때 가장 먼저 하나님을 찾고 자비를 구했다. 물론 하나님께서는 누군가가 자신의 죄로 인해 다른 사람에게 피해를 끼친 경우 변제해야 할 것을 말씀하신 바 있다(민 5:7). 그러나 순서가 중요하다. 죄는 기본적으로 하나님께 짓는 것이기 때문에 하나님께 용서받는 것이 선행되어야 하는 것이다. 이것은 모세오경이 기록되기 이전에 살았던 사람들도 알고 있었던 진리였다(창 39:9).

다윗은 "아무도 모르게" 죄를 짓고 있다고 생각했을지 모른다. 그러나 다윗이 죄를 지은 장소는 어느 곳에서나 악한 자와 선한 자를 살피시는 주님의 눈 앞이었던 것이다(잠 15:3).

성령님께서는 신약 성경을 기록하실 때 4절의 말씀을 『기록된 바 "이는 주께서 주의 말씀에 의롭다 함을 얻으시고 판단받으실 때에 이기려 하심이라."고 함과 같으니라.』(롬 3:4)라고 바꾸어 인용하셨다. 이것은 백보좌 심판 때 일어날 일인데, 그때에는 "주님께서 누군가를 판단하시는 일"과 "주님께서 누군가에게 판단받으시는 일"이 동시에 일어날 것이다.

주님께서는 죄인들에게 불못으로 가야 한다는 판결을 내리실 테고, 죄인들은 나 같은 사람을 불못에 보낸다면 하나님께서 불의하신 것이라고 항변할 터다. 그러면 주님께서는 기록된 말씀을 열어 그들의 불의를 입증해 보이실 것이고, 죄인들은 하나님의 의로우심 앞에 패배하여 자신이 받아야 할 형벌을 인정하게 될 것이다.

## 내가 죄악 중에서 조성되었고

『보소서, 내가 죄악 중에서 조성되었고 죄 중에서 내 어머니가 나를 배었나이다... 오 하나님이여, 내 안에 깨끗한 마음을 창조하시고 내 안에 바른 영을 새롭게 하소서. 주의 면전에서 나를 내어쫓지 마시고 주의 거룩한 영을 내게서 거두어 가지 마소서』(5,10,11절).

다윗은 단순히 자신이 죄를 지었다는 사실 자체에만 죄책감을 느낀 것이 아니었다. 그는 자신이 본질적으로 죄악 중에서 조성된 존재임을 기억하면서, 구제불능인 자신의 능력이 아닌 주님의 능력을 통해 깨끗하게 되기를 구했던 것이다. 물론 우리는 그가 살던 시대와는 다른 경륜 아래 있지만, 다윗의 마음과 태도는 현 시대에도 충분히 영적으로 적용될 수 있다. 신약의 언어로 말하자면 다윗은 "세상의 슬픔"과는 대비되는 "하나님의 뜻대로 하는 슬픔"을 느끼고 있었던 셈이다(고후 7:10). 이 시대에 살아가는 사람들도 스스로를 "고쳐서" 의로워질 수 없다는 사실을 깨달아야 한다. 그래야 구주를 필요로 하게 되기 때문이다.

성경에 따르면 성선설을 주장한 맹자와 루소는 틀렸다. 인간은 죄성을 유전받은 채로, 악하게 태어난다. 세상 사람들은 죄를 지은 사람을 죄인이라고 부르지만, 성경은 사람이 죄인이기에 죄를 짓는다고 가르친다(롬 5:12). 인간의 육신적 출생은 아예 잘못 되었기에, 우리는 성령으로 다시 태어나야 한다(요 3:5-8).

물론, 다윗이 살았던 구약 시대에는 주 예수님을 구주로 믿고 구원받아 죽었던 영이 살아나는(엡 2:1-5), 오늘날과 같은 "거듭남"이 존재하지 않았다. 성령님께서는 어떤 경우라도 현 교회 시대에 거듭난 성도들로부터는 떠나지 않으시지만(엡 1:13, 4:30), 구약 시대에는 어떤 사람에게 일시적으로만 임하실 수도 있었고(민 24:2, 삼상 19:23), 한동안 계시다가 떠나실 수도 있으셨으며(삼상 16:14), 떠났다가 다시 돌아오실 수도 있으셨다(판 16:19-30). 그래서 다윗은 "주의 거룩한 영을 내게서 거두어 가지 마소서."라고 기도했다. 그는 행여 구원을 잃을까 두려웠던 것이다.

## 그리하면 내가 범법자들에게 주의 길을 가르치리니

『주의 구원의 기쁨을 내게 회복시키시고 주의 자원하는 영으로 나를 붙드소서. 그리하면 내가 범법자들에게 주의 길을 가르치리니 죄인들이 주께로 돌아오리이다... 오 주여, 주께서는 내 입술을 열어 주소서. 그리하면 내 입이 주의 찬양을 보이리이다』(12,13,15절).

다윗의 간절한 바람은 형벌의 면제나 체면의 회복이 아니었다. 그는 다만 주님과의 교제와 구원의 기쁨의 상실을 두려워했다. 이것이 진정으로 하나님을 사랑하는 성도가 죄를 짓게 되었을 때 보이는 반응이다. 사울왕은 정반대의 반응을 보인 바 있다(삼상 15:24,25,30).

찰스 피니는 〈내가 거룩하니 너희도 거룩하라〉를 통해 다음과 같이 이야기한다.

"진짜 회심자가 죄를 증오하는 이유는 하나님께서 죄를 싫어하시기 때문인 반면, 거짓 회심자가 죄를 증오하는 이유는 죄가 자신에게 해롭기 때문입니다. 많은 사람들이 자신의 죄를 증오하면서도 그 죄들을 여전히 버리지 못합니다. 술주정뱅이는... 술을 증오합니다. 그러면서도 계속 술을 마십니다."

"하나님과 사람의 진정한 친구라면 형벌보다 죄를 더 두려워합니다. '이것을 하면 벌을 받게 될까?'를 묻는 것이 아니라, 요셉의 말처럼 『**내가 어찌 이 큰 악을 행하여 하나님께 죄를 지으리이까?**』(창 39:9)라고 말합니다. 이것이 바로 하나님의 자녀가 지닌 영입니다. 즉 죄를 너무도 두려워한 나머지 형벌에 대해서는 생각할 겨를이 없는 것입니다."

다윗이 간절히 바랐던 것은 또 있었는데, 바로 죄인들을 주께로 돌이키고 주님을 찬양하는 일이었다. 다윗은 피 흘린 죄로부터 구해 냄을 받지 못해서 구원의 기쁨도 없고, 죄책감으로부터 자유롭게 된 영도 없는 상태로는 도저히 그런 일을 할 수 없다고 스스로 느꼈던 것이다.

우리도 때로 다윗과 같은 경험을 하곤 한다. 죄를 처리하지 않은 채로 주님의 일을 하려다가도 이내 쉽지 않다는 것을 깨닫는 것이다. 모양은 어떻게든 낼 수 있겠으나, 열매는 전무할 수밖에 없고 그마저도 억지로 밀어붙여야 겨우

가능하다. 그러나 죄를 자백하고 그리스도의 피로 죄들을 용서받고 나면(요일 1:7-9), 일이 거짓말처럼 쉬워지고 콧노래가 절로 나온다. 주님 그분을 기뻐하는 것이 우리의 힘이기 때문이며(느 8:10), 우리는 그분을 떠나서는 아무 것도 할 수 없기 때문이다(요 15:5).

## 하나님의 희생제들은 상한 영이니

『주께서는 희생제를 원치 아니하시나이다. 그렇지 아니하였으면 내가 그것을 드렸으리이다. 주께서는 번제도 기뻐하지 아니하시나이다. 하나님의 희생제들은 상한 영이니 오 하나님이여, 주께서는 상하고 참회하는 마음을 멸시하지 아니하시리이다』(16,17절).

주 하나님께서는 분명 이스라엘 자손의 범죄가 있었을 때에는 속죄제물의 희생이 있어야 한다고 말씀하셨다(레 4장). 그런데 왜 다윗은 주께서 희생제를 원치 않으신다고 말한 것일까? 이는 다윗의 범죄가 특수했기 때문이었다. 다윗이 범한 간음죄와 살인죄는 제물의 피로 속죄받을 수 없는 중죄였다(레 20:10, 민 35:31). 원칙대로라면 다윗은 죽어야만 했던 것이다.

다윗이 이러한 절체절명의 상황에서 제시한 것은 상하고 참회하는 마음이었다. 이는 매우 적절한 전략이었다. 하나님께서는 이렇게 말씀하시는 분이시기 때문이다. **『영원에 거하시는 높고 우뚝 솟은 분, 그의 이름이 거룩이신 분이 이같이 말하노라. 나는 높고 거룩한 곳에 거하며 또한 통회하고 겸손한 영을 지닌 자와 함께 거하여 겸손한 자의 영을 소생케 하고 통회하는 자의 마음을 소생케 하는도다』**(사 57:15). 주님께서는 인간의 낮아진 마음을 이주 존중해 주시는 분이시다(눅 18:9-14). 주님께서는 심지어 사악했던 북왕국의 왕 아합에게조차 그렇게 해주셨다(왕상 21:27-29).

주님께서 이스라엘에게 요구하셨던 희생제는 그분께 은혜를 구하는 방편으로서 부과된 것이었지, 그 자체가 목적이 아니었다. 그러나 시간이 흐름에 따라 본말이 전도되고 말았다. 형식만 남고 그 안에 담겨야 할 정신이 소실되어 버린 것이었다. 주님께서는 그런 화목제는 인정치 않겠노라고 선언하기까지 하셨다(암 5:22). 이스라엘 백성들은 바빌론 유수에서 돌아와서도 여전히 정신을 차리지 못하고 똑같은 일을 반복했다. **『이제 내가 너희에게 청하노니, 너희는 우리에게 은혜를 베풀어 달라고 하나님께 구하라. 이것이 너희의 방법이었느니라. 그가 너희를 외모로 보시겠느냐? 만군의 주가 말하노라』**(말 1:9). 주 예수님께서 초림하셨을 때도 상황은 똑같았다(마 23:23-28).

바른 마음이 수반되지 않는 희생제는 죄일 뿐이다(잠 21:27). 이는 "나는 부자며, 부요하고, 아무것도 부족한 것이 없다."라는 생각을 품고 있는 오늘날의 배교한 교회들이 반드시 깨달아야 할 진리다. 그들의 설교 강단에서는 회중들이 상하고 참회하는 마음을 품도록 하는 설교가 거의 울려 퍼지지 않는다. 회중들은 설령 어디선가 찔림이 될 만한 진리를 접했다고 해도, "은혜 받았다"라고만 말할 뿐 아무런 변화도 보이질 않는다. 애당초 변화해야겠다는 마음 자세조차 되어 있질 않았기 때문이다(겔 33:30-32). 그러면서도 그들은 자신들의 예배를 하나님께서 받아 주시리라는, 또 자신들의 기도를 하나님께서 들어 주시리라는 착각에 빠져 산다. 실로, 역사는 늘 반복되는 것이다.

■ 새롭게 깨달았거나 적용할 내용이 있다면 적어 보세요. ■

시편 51편은 언뜻 보면 다소 생뚱맞은 듯하게 끝이 난다. 『**주의 선하신 기쁨으로 시온을 향하여 선을 행하시고 예루살렘 성벽들을 쌓으소서. 그때 주께서는 의의 희생제들과 번제와 온전한 번제를 기뻐하시리니 그때 그들이 주의 제단에 수송아지들을 드리리이다**』(18,19절). 다윗의 회개와 예루살렘 성벽들이 쌓이는 것이 무슨 관계가 있는 것일까? 그리고 앞서 "주께서는 희생제를 원치 아니하시나이다."라고 말한 다윗은 어째서 "그때 주께서는 의의 희생제들과 번제와 온전한 번제를 기뻐하시리니"라고 말을 바꾼 것일까?

이는 다윗이 희생제로는 속죄받을 수 없는 죄로부터 깨끗해진 사건은, 현 시대에 일시적으로 버림받은 이스라엘이 장차 회복되는 사건을 예표하는 것이기 때문이다. 주 하나님의 아내 이스라엘은 수도 없이 많은 우상들과 영적 간음을 저질렀다. 그들에게는 메시아를 십자가에 내어준 살인죄에 대한 책임까지도 있다(마 27:25, 행 2:36). 그럼에도 하나님께서는 말씀하신다. 『**사람들이 말하기를, "만일 한 남자가 자기 아내를 버려서 그 여자가 그 사람을 떠나 다른 사람의 것이 되면 본 남편이 그녀에게 다시 돌아오겠느냐? 그 땅이 크게 오염되지 않겠느냐?" 하느니라. 그러나 너는 많은 애인들과 창녀짓을 하였어도 내게로 다시 돌아오라. 주가 말하노라**』(렘 3:1).

교회의 휴거 이후에 있을 대환란 끝 무렵, 이스라엘 백성들은 자신들의 죄들을 통회하며 대대적으로 회개할 것이다(슥 12:10). 이스라엘 백성들이 자신들이 왜 그토록 극심한 민족적 박해를 받게 되었는지를 깨닫고 적그리스도의 마수로부터의 구원을 간구할 때, 주님께서는 그들을 구해 내실 것이다. 그때가 오면 황폐화된 예루살렘이 재건되고, 예전처럼 다시 희생제들이 회복될 것이라는 게 시편 51편의 결론이다. 다윗을 다시 받아주셨듯이, 이스라엘을 다시 받아주시겠다고 주님께서는 약속하신 것이다.

## 제4과
# 복습문제

1. 다윗은 자신이 죄를 지었다는 사실 자체에는 죄책감을 느꼈지만, 자신의 타고난 본성 자체가 악함을 인지하지는 못했다. ( O , X )

2. 다윗은 구원받은 성도였기에 성령님께서 그로부터 떠나시는 일은 아예 불가능했다. ( O , X )

3. 다윗이 용서를 간구했던 까닭은 주님께로부터 올 징계가 두려웠기 때문이었다. ( O , X )

4. 다윗이 범한 (　　　　)죄와 (　　　　)죄는 제물의 피로 속죄받을 수 없고, 원칙대로라면 사형에 해당하는 중죄였다.

5. 시편 51편의 마지막 두 절이 앞서 나온 다윗의 회개와는 동떨어진 내용으로 기록되었다는 사실로부터, 우리는 문맥을 잘 알지 못한 어떤 사람이 마지막 두 절을 후대에 삽입했음을 알 수 있다. ( O , X )

■ 새롭게 깨달았거나 적용할 내용이 있다면 적어 보세요. ■

# NOTES

# NOTES

# 제5과
# 에돔인 도엑이 사울에게 고했을 때(52편)

『오 힘있는 자여, 어찌하여 네가 해악을 스스로 자랑하느냐? 하나님의 선하심은 항상 지속되도다』(시 52:1).

## 적그리스도에 관한 예언

시편 52편의 표제는 『**악장에게, 마스킬, 다윗의 시, 에돔인 도엑이 사울에게 가서 고하여 "다윗이 아히멜렉의 집으로 갔나이다."라고 말했을 때**』이다. (『**마스킬**』은 "**생각하다,**" "**깨닫다**"라는 뜻으로, "**묵상**" 또는 "**훈계**"를 의미한다.) 다윗이 아히멜렉의 집으로 갔던 것은 사무엘상 21:1-9에서의 일이고, 에돔인 도엑이 사울에게 이 사실을 말한 것은 사무엘상 22:9,10이다. 그리고 에돔인 도엑이 사울에게 말했다는 사실을 안 것은 아히멜렉의 아들 아비아달이 다윗에게 와서 알려 준 사무엘상 22:21이다. 그러므로 시편 52편을 지은 때는 사무엘상 22장에서 다윗이 아비아달을 만난 날임을 알 수 있다.

이러한 맥락에서 시편 52편을 읽는다면, 본문에 나오는 『**힘있는 자**』, 『**간사한 혀**』, 『**자기 부의 풍부함을 의지하여 자기 악으로 자신을 힘있게 하던 자**』가 누구를 지칭하는지는 어렵지 않게 추론할 수 있다. 그러나 시편이 "**찬양의 책**"이자 "**예언의 책**"임을 염두에 두고, 본문에 기록된 두 개의 『**셀라**』를 고려한다면, (『**셀라**』는 "**반석**"이라는 뜻이다.) 이 시가 단순한 찬양시가 아니고, "**대환란**"과 "**적그리스도**"에 관한 예언이라는 사실을 쉽게 이해할 수 있을 것이다.

■ 새롭게 깨달았거나 적용할 내용이 있다면 적어 보세요. ■

## 엘라 골짜기 전투에서 골리앗을 죽인 다윗

『다윗이 자루에 손을 넣어 거기서 돌 하나를 꺼내어 물매를 던져 그 필리스티아인의 이마를 치니, 그 돌이 그의 이마 깊숙이 박힌지라, 그가 쓰러져 얼굴을 땅에 박더라』(삼상 17:49).

다윗이 이스라엘의 백성들에게 널리 알려지게 된 사건은 "**엘라 골짜기 전투**"이다. 다윗이 사울을 피해 도망갈 때 아히멜렉을 만나 창이나 칼 같은 병기가 있는지 물었을 때에도 언급될 만큼 "**엘라 골짜기 전투**"는 당시 이스라엘에서 유명한 전투였다. 『**다윗이 아히멜렉에게 말하기를 "여기 당신의 수중에 창이나 칼이 없나이까? 왕의 일이 급하기에 내가 내 칼이나 병기를 가지고 오지 못하였나이다." 하더라. 제사장이 말하기를 "네가 엘라 골짜기에서 죽인 필리스티아인 골리앗의 칼이 있느니라. 보라, 그것이 천으로 싸여 에봇 뒤에 있으니 네가 가지려거든 그것을 가지라. 여기에 그것 외에는 다른 것이 없느니라." 하니 다윗이 말하기를 "그 같은 것이 없나니, 그것을 나에게 주소서." 하더라.**』(삼상 21:8,9).

"**엘라 골짜기 전투**"에서 다윗은 『**너는 칼과 창과 방패를 가지고 내게 오지만, 나는 만군의 주의 이름, 즉 네가 모독한 이스라엘 군대의 하나님의 이름으로 네게 가노라. 오늘 주께서 너를 내 손에 넘겨주시리니, 내가 너를 쳐서 네게서 머리를 취하리라. 내가 오늘 필리스티아인들의 군대의 시체들을 공중의 새들과 땅의 들짐승들에게 주어 온 땅으로 이스라엘에 하나님이 계시다는 것을 알게 하리라. 또 이 온 무리는 주께서 칼과 창으로 구원하지 않으심을 알게 되리니, 이는 전쟁이 주의 것이므로 그가 너희를 우리 손에 주실 것이기 때문이라.**』(삼상 17:45-47)라며 필리스티아의 전사 골리앗을 쓰러뜨렸다. 모두가 두려워하던 골리앗을 쓰러뜨렸으니, 다윗이 얼마나 용맹하게 나아갔는지와 함께 다윗이 한 이 말이 얼마나 많이 사람들 사이에서 언급되었을지 짐작할 수 있다. 다윗은 이 하나의 전투로 이스라엘의 가장 시급한 문제를 해결하면서 동시에 하나님을 드높이고 자신의 실력을 분명히 입증한 인물이었던 것이다. 한마디로 다윗은 "**믿음**"과 "**실력**"을 인정받은 "**국민 영웅**"이 되었던 것이다.

## 합당하게 여겨진 다윗과 다윗을 죽이려는 사울

### 1. 현명하게 행한 다윗

『다윗은 사울이 그를 보내는 곳마다 가서 현명하게 행동하므로, 사울이 그를 전사들을 다스리는 자로 세우니, 그가 온 백성의 눈에 합당하게 여겨졌고 사울의 종들의 눈에도 합당하게 여겨졌더라』(삼상 18:5).

다윗은 이 사건 이전에도 사울 앞에서 "**하프 타는 자**"이면서 동시에 "**병기 든 자**"였으나, 이 사건 이후로 원래의 임무에 더하여 다양한 임무를 부여받고 파견을 다녀오게 된다. 이 일들에서도 『**보내는 곳마다 가서 현명하게 행동하므로**』 사울이 다윗을 『**전사들을 다스리는 자**』로 세운다. 군대의 "**지휘관**"으로 승격시킨 것이다. 이에 따라 다윗은 지휘관으로서 활약하게 된다. 나중에 다윗을 천부장으로 삼은 이야기가 18:13에 나오므로, 여기서는 백부장 정도의 지휘관으로 임명된 것으로 볼 수 있다.

전쟁에서 승리하고 돌아오는 사울과 다윗을 맞이할 때, 여인들이 승리를 축하하는 노래를 불렀다. 그런데 이 노래의 가사가 사울을 매우 노하게 한다. 『그

**들이 올 때, 즉 다윗이 그 필리스티아인을 죽이고 돌아올 때, 여인들이 이스라엘의 모든 성읍들에서 나와 노래하고 춤추며 북들과 즐거움과 악기로 사울왕을 맞이하더라. 그때 여인들이 뛰놀며 서로 화답하여 말하기를 "사울이 죽인 자는 수천이요, 다윗이 죽인 자는 수만이라." 한지라. 사울이 매우 노하였으며 그 말이 그를 불쾌하게 했으므로, 그가 말하기를 "그들이 다윗에게는 수만을 돌리고 내게는 수천을 돌리니, 그가 가질 것이 왕국 외에 더 무엇이 있겠는가?" 하고 그 날 이후로 사울이 다윗을 눈여겨보더라』**(삼상 18:6-9). 사울은 왕의 자리에 있으면서도 신하인 다윗을 시기하기 시작했으며, 왕국을 수호하는 공신으로 생각하지 않고, 왕권을 위협하는 대적으로 간주하기 시작했다.

## 2. 다윗을 죽이려 한 사울

『그 아침에 하나님으로부터 온 악령이 사울에게 임하여 그가 집 한가운데서 예언하였고, 다윗은 여느 때와 마찬가지로 손으로 연주를 하고 있었는데, 그때 사울의 손에 창이 있더라. 사울이 창을 던지며 말하기를 "내가 다윗을 창으로 벽에다 박으리라." 하더라. 그러나 다윗이 두 번이나 그의 면전에서 피하더라』(삼상 18:10,11).

다윗에 대한 사울의 시기가 다윗의 하프 연주로 진정되는 수준을 넘어서게 되자, 다윗이 사울을 위해 연주를 하고 있는 도중인데도 사울은 다윗을 향해 창을 던진다.

사울의 이러한 행동은 두려움에서 비롯된 것이라고 다음 절에서 설명하고 있다. 사울은 처음부터 하나님과 사무엘을 온전히 신뢰하지 못하고 일이 자기 뜻대로 되지 않을까 봐 늘 두려워하는 사람이었다. 또한 사람들을 의식하고 사람들을 두려워하는 사람이었으며, 이 사실을 스스로 고백하기도 하였다. 『**사울**

**이 사무엘에게 말하기를 "내가 죄를 지었나이다. 내가 주의 계명과 당신의 말씀을 어겼으니, 이는 내가 백성을 두려워하고 그들의 음성에 복종하였음이니이다**』(삼상 15:24).

## 3. 다윗을 두려워 한 사울

『사울이 다윗을 두려워하였으니, 이는 **주**께서 사울로부터 떠나 다윗과 함께하시기 때문이더라. 그러므로 사울이 그를 자기에게서 떠나게 하여 천부장을 삼으니, 그가 백성 앞에서 나가고 들어오더라. 다윗이 그의 모든 일에 현명하게 행동하였으며, **주**께서 그와 함께하시더라. 그러므로 사울은 다윗이 매우 현명하게 행동하는 것을 보고 그를 두려워하더라』(삼상 18:12-15).

왕에게 좋은 신하가 있으면, 기뻐하는 것이 상식이다. 신하가 일을 잘 처리하면 정치가 안정되고, 왕이 치리를 잘한 것으로 여겨지기 때문이다. 그렇기에 왕들의 가장 중요한 업무는 인재를 발굴하여 적재적소에 배치하고 적합한 대우를 해 주어 계속해서 왕에게 충성하도록 관리하는 것이다.

사울은 자신이 왕으로 있는 동안 왕으로서 현명하게 치리하면 하나님을 보호를 받을 것이라는 상식적인 생각을 하지 못하고, 주께서 다윗과 함께하시기 때문에 자기의 왕권은 자기 스스로 지켜야 한다는 어리석은 생각에 빠졌다. 그래서 주께서 함께하시는 다윗을 두려워하게 되고, 아울러 다윗이 자기 가까이에 계속 있으면서 왕궁에서 영향력을 발휘하는 것이 두려웠기에 천부장으로 삼아 왕궁에서 자주 떠나게 한다. 그러나 다윗이 『**백성 앞에서**』 나가고 들어오며 백성들의 눈에 직접 보이게 『**모든 일에 현명하게 행동**』하였고, 『**매우 현명하게 행동**』하였기 때문에 자연스럽게 백성들 사이에서 더욱 명성이 높아지고 그들에게서 사랑받게 되었다. 『**그러나 모든 이스라엘과 유다가 다윗을 사랑하였으니, 이는 그가 그들 앞에서 나가고 들어오기 때문이더라**』(삼상 18:16). 사울은 이 사실로 인해 다윗을 또 두려워한다. 자신이 선발한 인재가 어디 가든 현명하게 행동하면 왕권을 공고히 해 준다고 생각해야 하는데, 사울은 그렇지 못했다. 하나님과의 관계가 올바로 형성되어야 올바른 생각으로 주변을 판단할 수 있다. 사울은 하나님과의 관계가 올바로 형성되어 있지 않았기 때문에 모든 판단이 어리석게 될 수밖에 없었던 것이다. 『**사울이 보고 주께서 다윗과 함께 하심과 사울의 딸 미칼이 그를 사랑함을 알더라. 사울이 다윗을 더욱 두려워하였으며, 사울이 계속해서 다윗의 원수가 되더라. 그때 필리스티아인들의 고관들이 나아왔고, 그들이 나아온 후에 다윗이 사울의 모든 신하들보다 더 현명하게 행동하므로 그의 이름이 심히 귀하게 되니라**』(삼상 18:28-30).

## 4. 또다시 다윗을 죽이려 한 사울

『사울이 그의 아들 요나단과 그의 모든 신하들에게 다윗을 죽이라고 말하였으나... 사울이 요나단의 음성에 경청하고 맹세하기를 "**주**의 살아 계심으로 *맹세하노니,* 그가 죽임을 당하지 아니하리라." 하더라』(삼상 19:1,6).

다윗의 명성이 계속해서 높아지자 신하들에게 다윗을 죽이라고 말하기까지 한다. 이때에는 사울의 아들 요나단이 사울을 설득하여 사태를 수습했다. 그러나 하프를 연주하던 다윗에게 창을 던지는 일이 다시 발생하였다. 『**사울이 그의 집에서 손에 창을 쥐고 앉아 있을 때 주께로부터 온 악령이 사울에게 임하였는데, 다윗은 손으로 연주를 하고 있었더라. 그때 사울이 그 창으로 다윗을 벽에 박으려 하였으나 그가 사울의 면전에서 빠져나간지라, 사울이 그 창을 벽**

**에 박았더라. 다윗이 도망하여 그 밤에 피하니라**』(삼상 19:9,10). 다윗은 자신의 집으로 도망갔는데, 이번에는 사울이 사람들을 다윗의 집까지 보내 다윗을 죽이도록 명령한다. 이때 사울의 딸이자 다윗의 아내인 미갈이 다윗을 도와 다윗의 생명을 구해 준다. 『**사울이 또한 사자들을 다윗의 집에 보내어 그를 지키다가 아침에 그를 죽이도록 하니, 다윗의 아내 미갈이 다윗에게 일러 말하기를 "당신이 당신의 생명을 이 밤에 구하지 아니하면 내일 죽임을 당하리이다." 하고 미갈이 창문을 통하여 다윗을 내려가게 하니, 그가 가서 도망하여 피하였더라**』(삼상 19:11,12).

다윗은 이때부터 도피 생활을 시작한다. 다윗의 도피 생활은 사울이 "**길보아 산 전투**"(삼상 31:5)에서 죽을 때까지 계속된다.

## 에돔인 도엑이 일으킨 재앙

『사울의 신하들 위에 세워진 에돔인 도엑이 대답하여 말하기를 "이새의 아들이 놉으로 가서 아히툽의 아들 아히멜렉에게 가는 것을 내가 보았나이다. 아히멜렉이 그를 위하여 **주**께 묻고 그에게 음식도 주고 필리스티아인 골리앗의 칼도 주었나이다." 한지라』(삼상 22:19,10).

다윗이 그의 청년들과 함께 도망할 때, 제사장들의 성읍인 놉을 지나가며 아히멜렉의 도움을 받았다. 그때 에돔인 도엑도 거기에 있었는데, 나중에 사울이 신하들에게 물었을 때, 도엑이 이 사실을 사울에게 말한다. 도엑이 이 사실을 즉시 사울에게 알리지 않고, 사울이 신하들에게 물었을 때에야 알린 것은 그가 다윗 편에 설 것인지 사울 편에 설 것인지 생각하느라 시간을 고의로 지체했음을 간접적으로 시사해 준다. 그러나 나중에라도 자신이 이 사실을 알고 있었다는 것이 밝혀지면 자신의 생명도 위험하므로, 사울이 신하들에게 물은 그때 사울 편에 서기로 결심한 것을 알 수 있다.

아히멜렉과 제사장들이 사울 앞에 불려 가서 자신을 변호했으나, 사울은 신하들에게 제사장들을 죽이라는 명령을 내린다. 다른 신하들이 제사장들을 죽이는 것을 꺼리자, 사울은 도엑에게 제사장들을 죽이라고 명령하고, 제사장들의 성읍인 놉을 칼날로 치게 한다. 『**그러자 왕이 도엑에게 말하기를 "네가 돌이켜 제사장들을 처치하라." 하니 에돔인 도엑이 돌이켜 제사장들을 처치하여 그 날에 세마포 에봇을 입은 팔십오 명을 죽이니라. 또 그가 제사장들의 성읍 놉을 칼날로 쳤는데, 남자와 여자, 아이들과 젖먹이들, 소와 나귀와 양들을 칼날로 치더라**』(삼상 22:18,19). 그러나 하나님께서는 아히멜렉의 아들들 중 아비아달을 살리셔서 다윗에게 선을 행한 아히멜렉 집안에 생존자를 남겨 주셨다. 『**그때 아히툽의 아들 아히멜렉의 아들들 가운데 아비아달이라 이름하는 자가 피하여 다윗을 좇아 도망하더라**』(삼상 22:20).

다윗에게 온 아비아달은 제사장들의 성읍인 놉에 일어난 재앙을 알린다. 다윗은 아비아달에게 자신과 함께 있으라고 말하며 그를 보호해 줄 것을 약속한다. 『**아비아달이 다윗에게 사울이 주의 제사장들을 죽인 것을 알려 주니 다윗이 아비아달에게 말하기를 "그 날 에돔인 도엑이 거기 있을 때 그가 반드시 사울에게 고할 줄 내가 알았느니라. 내가 네 아버지 집의 모든 사람의 죽음을 야기하였도다. 두려워 말고 나와 함께 있으라. 이는 내 생명을 찾는 자가 네 생명도 찾음이라. 그러나 나와 함께 있으면 네가 안전하리라." 하더라**』(삼상 22:20-23).

시편 52편은 바로 이날 제사장들의 성읍인 놉에 있었던 재앙을 들은 후, 다윗이 하나님 앞에서 지은 시이다. "**재앙의 날**"에 있었던 슬픔에도 불구하고, 다윗은 하나님을 찬양한다.

## 힘 있는 자의 해악과 속임수와 거짓말

『오 힘있는 자여, 어찌하여 네가 해악을 스스로 자랑하느냐? 하나님의 선하심은 항상 지속되도다. 네 혀가 해악을 꾀하며 날카로운 칼날같이 속임수로 일하는도다. 네가 선보다는 악을, 의를 말하기보다는 거짓말하기를 더 사랑하는도다』(시 52:1-3).

시편 52편은 『**해악**』을 스스로 자랑하고, 『**해악**』을 꾀하며, 『**속임수**』로 일하고, 『**악**』과 『**거짓말**』을 사랑하는 『**힘있는 자**』를 말하고 있다. 그 『**힘있는 자**』는 "**악인**"이며 "**죄인**"인데, 역사적으로는 "**사울**"이며, 예언적으로는 『**죄의 사람**』(살후 2:3), 즉 『**적그리스도**』(요일 2:18,22)를 의미한다.

사울은 그 자신이 행한 "**악**"과 "**죄**"들로 인해서도 『**죄의 사람**』인 『**적그리스도**』의 예표라 할 수 있으나, "**예수 그리스도**"의 예표인 "**다윗**"의 "**대적자**"라는 의미에서 더욱 『**적그리스도**』의 예표라 할 수 있다. 사울은 다윗에게 기름 붓게 하신 하나님과 왕으로 기름부음받은 다윗을 부인한 "**거짓말쟁이**"(삼상 19:6)이기 때문에, 『**적그리스도**』의 분명한 예표가 된다. 『**예수께서 그리스도이심을 부인하는 자 외에 누가 거짓말쟁이냐? 아버지와 아들을 부인하는 자가 곧 적그리스도니라**』(요일 2:22).

이 문맥에서 『**힘있는 자**』가 예언적으로 『**적그리스도**』임은 이 시편에 있는 두 번의 『**셀라**』가 더욱 분명히 보여 주고 있다. 시편에서 『**셀라**』는 "**대환란**"과 "**재림**"의 예언 문맥에서 나온다. 『**셀라**』는 "**반석**"이라는 의미이지만, 시편에서처럼 단독으로 사용된 경우 "**반석**"이 아닌 『**셀라**』로 음역한 것이다. (시편이 아닌 곳에서는 "**하박국 3장**"에서 세 번 나오는데, 이 또한 "**재림**" 문맥이다.) 그러므로 시편에서 『**셀라**』가 나오면, 시의 흐름이 "**역사적 사건**" 위에 "**예언적 상**

**황**"이 중복되었거나, "**예언적 상황**"으로 옮겨간 것으로 이해해야 한다.

『**하나님의 선하심은 항상 지속되도다**』(1절). 다윗은 해악을 스스로 자랑하는 『**힘있는 자**』, 즉 사울에게 『**하나님의 선하심**』을 주장한다. 다윗은 사울의 해악이 『**하나님의 선하심**』을 이길 수 없다는 사실을 1절에서부터 천명하며 이 시를 시작하는 것이다. 이것은 다윗의 마음이 이미 하나님에 대한 신뢰로 굳건하기 때문에 결코 흔들림이 없을 것이라는 선언이다. 그러므로 이 말은 이 시의 결론인 8,9절과 맥을 같이 한다. 『**하나님의 자비하심을 영원무궁토록 신뢰하는도다... 주의 이름이 주의 성도들 앞에 선하시므로 내가 주의 이름을 기다리리이다**』(8,9절).

『**네 혀**』는 3절에서 『**간사한 혀**』라 불리며, 『**힘있는 자**』 사울의 혀를 말한다. 사울의 혀는 『**해악을 꾀하며 날카로운 칼날같이 속임수로 일하는**』 혀이다. 사울은 스스로 악을 행할 뿐만 아니라, 『**해악을 꾀하며**』 그 혀로 신하들을 시켜서 악을 행하도록 만든다. 『**날카로운 칼날**』은 "**사람들을 죽이는 무기**"을 의미하므로, "**날카로운 칼날같이 속임수로 일한다**"는 것은 그 혀가 "**사람들을 속여서 살해한다**"는 의미이다. 이 일은 사울이 행한 일이면서 동시에 대환란 기간에 적그리스도가 이스라엘 민족에게 행할 일들과 정확하게 일치한다. 그는 『**모든 집어 삼키는 말들**』로 속이고 죽일 것이다.

## 악인을 영원히 멸하시는 하나님

『오 간사한 혀여, 너는 모든 집어삼키는 말들을 사랑하는도다. 그와 같이 하나님께서도 너를 영원히 멸하시며 너를 없애 버리시리니, 네 처소에서 너를 뽑아 내시며 산 자들의 땅으로부터 뿌리

짜 뽑으시리라. 셀라. 의인들도 보고 두려워하며 그를 비웃으리니, 보라, 이 사람은 하나님을 자기의 힘으로 삼지 아니하고 자기 부의 풍부함을 의지하며 자기 악으로 자신을 힘있게 하던 자라』(시 52:3-7).

다윗은 악한 명령을 통해 의인의 생명과 재산을 집어삼키는 『**간사한 혀**』, 즉 "**사울**"을 하나님께서 영원히 멸하실 것이며 뽑으실 것이라 예언한다. 이 예언은 다윗 당대에 성취되었으며, 대환란 때에도 "**적그리스도**"에 대하여 다시 한번 성취될 것이다(예언의 이중적 적용). 『**그러나 그 짐승**[적그리스도]**이 잡히고, 짐승 앞에서 기적들을 행하던 거짓 선지자도 그와 함께 잡혔으니 그는 짐승과 더불어 그 짐승의 표를 받은 자들과 그의 형상에 경배한 자들을 속이던 자라. 이 둘이 유황으로 불타오르는 불못에 산 채로 던져지더라**』(계 19:20).

『**영원히 멸하시며... 뽑으시리라.**』(3절)의 짝 구절은 이사야 14:16-20이다. 『**너를 보는 자들이 너를 자세히 살펴보고 숙고하여 말하기를 "이 자가 땅을 떨게 하고, 왕국들을 진동시켰으며, 또 세상을 광야같이 만들었고, 그 성읍들을 멸망시켰으며, 그의 갇힌 자들의 집을 열어 주지 않았던 그 사람이냐?" 하리라. 민족들의 모든 왕들은 모두 다 각기 자기 집에서 영광 속에 누워 있으나, 너는 가증스런 가지처럼 네 무덤에서 버려졌고 칼에 찔려 구덩이 속의 돌들로 내려가는 죽은 자들의 옷 같고 발밑에 밟힌 시체 같도다. 너는 그들과 함께 매장되지 못하리니 이는 네가 네 땅을 멸망시켰고 네 백성을 죽였음이라. 행악자들의 씨는 결코 명성을 얻지 못하리라**』(사 4:16-20). 이 구절도 적그리스도의 멸망을 예언하는 구절이다.

이 구절은 루시퍼에 대한 구절들인 이사야 14:12-15 바로 다음에 이어져 나온다. 『**오 아침의 아들 루시퍼야, 네가 어찌 하늘에서 떨어졌느냐! 민족들을 연약하게 하였던 네가 어찌 땅으로 끊어져 내렸느냐! ...그러나 너는 지옥까지 끌**

**어내려질 것이요, 구렁의 사면에까지 끌어내려지리라**』(사 14:12,15). 그러므로 이사야 14:16-20의 『**너**』는 『**루시퍼**』, 즉 "**사탄**"이다. 그런데 17절에서는 그를 『**사람**』이라고 칭한다. 사탄에 대한 예언이 사탄이 육화한 존재인 적그리스도에 대한 예언으로 옮겨간 것이다.

이사야 14:15의 예언은 요한계시록 20:3에서 성취될 것이다. 『**그를 끝없이 깊은 구렁에 던져서 가두고 그 위에 봉인하여 천 년이 찰 때까지는 민족들을 다시는 미혹하지 못하게 하더라. 그후에는 그가 반드시 잠시 동안 풀려나게 되리라**』(계 20:3). 그리고 그의 최후는 요한계시록 20:7-10이 보여 준다. 『**그 천 년이 끝나면 사탄이 그의 감옥에서 풀려나, 땅의 사방에 있는 민족들, 곧 곡과 마곡을 미혹하려고 나가서 그들을 함께 모아 전쟁을 일으키리니 그 수가 바다의 모래 같으리라. 그들이 땅의 넓은 데로 올라가서 성도들의 진영과 사랑하시는 도성을 포위하니, 하늘에서 불이 하나님께로부터 내려와 그들을 삼켜 버리더라. 그들을 미혹하던 마귀가 불과 유황 못에 던져지니 그곳에는 그 짐승과 거짓 선지자도 있어 영원무궁토록 밤낮 고통을 받으리라**』(계 20:7-10).

『**의인들도 보고 두려워하며 그를 비웃으리니**』(6절). 『**의인들**』은 "**사울**"이 죽으면 그를 보며 그가 얼마나 막강한 힘으로 의인들을 핍박하였는가를 떠올리며 잠깐 두려워할 것이며, 동시에 『**하나님을 자기의 힘으로 삼지 아니하고 자기 부의 풍부함을 의지하며 자기 악으로 자신을 힘있게 하던 자**』임을 비웃게 될 것이다. 『**하나님을 자기 힘으로**』 삼은 의인들은, 왕으로서 가지고 있는 『**자기 부의 풍부함을 의지하며 자기 악으로 자신을 힘있게 하던**』 사울이 언젠가 멸망할 것임을 확신하고 있었기 때문이다.

이러한 일은 대환란의 끝과 천년왕국의 끝에도 일어날 것이다. 대환란의 끝에 "**세계 경제를 장악**"함으로써 『**자기 부의 풍부함을 의지하며 자기 악으로 자신을 힘있게 하던**』 "**사탄**"이 『**끝없이 깊은 구렁**』에 갇히면, 의인들은 그가 얼마나 막강한 힘으로 의인들을 핍박하였는가를 떠올리며 잠깐 두려워할 것이며,

동시에 구렁에 갇힌 사탄을 비웃을 것이다. 천년왕국의 끝에도 그가 『**불과 유황 못**』에 던져질 때 다시 한번 그를 비웃게 될 것이다.

## 하나님을 찬양하는 다윗

『그러나 나는 하나님의 집에 있는 푸른 올리브 나무와 같이 하나님의 자비하심을 영원무궁토록 신뢰하는도다. 주께서 그것을 행하셨으므로 내가 주를 영원히 찬양할 것이요, 주의 이름이 주의 성도들 앞에 선하시므로 내가 주의 이름을 기다리리이다』(시 52:8,9).

『**그러나 나는 하나님의 집에 있는 푸른 올리브 나무와 같이**』(8절). 이 시편이 기록될 당시에는 성전이 없었으므로, 이 『**하나님의 집**』은 다윗이 언약궤를 놓기 위해서 세워 놓은 장막이다. 그러나 장막 안에는 올리브 나무가 없었다. 그러므로 이 부분도 예언적 표현이다. 솔로몬 성전의 그룹들과 지성소 문들이 올리브 나무로 만들어졌다(왕상 6:23,31). 모세와 엘리야는 영광 중에 주의 오른편과 왼편에서 두 올리브 나무로서 나타난다(슥 4:3-14). 『**그때 내가 그에게 대답하여 말하기를 "촛대 오른편과 왼편에 있는 이 두 올리브 나무는 무엇이니이까?" 하고, 내가 다시 대답하여 그에게 말하기를 "두 금관으로 스스로 금 기름을 쏟아 내는 이 두 올리브 나무 가지들은 무엇이니이까?" 하니, 그가 내게 대답하여 말하기를 "너는 이것들이 무엇인지 모르느냐?" 하시므로, 내가 말하기를 "내 주여, 모르나이다." 하니, 그가 말하기를 "이들은 두 기름부음받은 자들이니, 온 땅의 주 곁에 서 있는 자들이니라." 하더라**』(슥 4:11-14).

다윗은 지금 자기가 그들 중 하나와 같다고 말하는 것이다. 두 올리브 나무와 다윗의 공통점은 다음과 같다.

1. 다윗도 올리브 나무들처럼 기름부음을 받았다(삼상 16:13).

2. 올리브기름은 성령님의 모형이다(요일 2:27). 올리브 나무들 안에 기름이 충만하게 있듯이 다윗도 올리브기름으로 예표되는 성령님께서 다윗 안에 항상 머물러 계셨다.

3. 성막에서 촛불이 계속 탈 수 있게 올리브기름을 내는 올리브 나무가 계속 촛대 옆에 있어야 한다(출 27:20). 올리브 나무들이 항상 기름을 쏟아 내며 촛대 옆에 있듯이, 다윗도 성령으로 충만하여 계속해서 현명하게 행하며 하나님과 밀착하는 삶을 살았다.

4. 올리브 나무는 이스라엘 민족의 모형이다(롬 11:17-25). 모세와 엘리야와 다윗은 모두 이스라엘 민족이다.

『**주께서 그것을 행하셨으므로**』(9절). 이것이 다윗이 『**주를 영원히 찬양**』하고 『**주의 이름**』을 기다리는 이유이다. 하나님께서는 악인을 『**영원히 멸**』하시고, 의인에게 『**자비**』와 『**선**』을 행하신다. 다윗은 "**그것을 행하셨다**"고 과거로 말하고 있으나, "**사울**"을 영원히 멸하시고, "**다윗**"과 "**의인들**"에게 자비와 선을 행하실 것을 확신하고 있으며, 이것을 통해 대환란 때에 "**적그리스도**"를 영원히 멸하시고, "**이스라엘**"에게 자비와 선을 행하실 것을 예언하고 있다.

■ 새롭게 깨달았거나 적용할 내용이 있다면 적어 보세요. ■

# 제5과
# 복습문제

1. 『오 힘있는 자여, 어찌하여 네가 해악을 스스로 자랑하느냐? 하나님의 (            )하심은 항상 지속되도다』(시 52:1).

2. 『네가 선보다는 악을, 의를 말하기보다는 (                    )하기를 더 사랑하는도다. 셀라』(시 52:3).

3. 『보라, 이 사람은 하나님을 자기의 힘으로 삼지 아니하고 자기 (          )의 풍부함을 의지하며 자기 악으로 자산을 힘있게 하던 자라』(시 52:7).

4. 『그러나 나는 하나님의 집에 있는 푸른 (                    ) 나무와 같이 하나님의 자비하심을 영원무궁토록 신뢰하는도다』(시 52:8).

5. 『주께서 그것을 행하셨으므로 내가 주를 영원히 (                )할 것이요, 주의 이름이 주의 성도들 앞에 선하시므로 내가 주의 이름을 기다리리이다』(시 52:9).

■ 새롭게 깨달았거나 적용할 내용이 있다면 적어 보세요 ■

# NOTES

# NOTES

# 복습 문제 정답

## 제1과

1. 재림
2. 하나님
3. 다윗의 언약
4. 말씀
5. 구원

## 제2과

1. O
2. O
3. X
4. O
5. O

## 제3과

1. X
2. 주 예수 그리스도, 여호와
3. X
4. O
5. O

## 제4과

1. X
2. X
3. X
4. 간음, 살인
5. X

## 제5과

1. 선
2. 거짓말
3. 부
4. 올리브
5. 찬양

## < 추 천 도 서 >

### 시 편

피터 S. 럭크만 지음 / 824쪽

35,000원(eBook 22,400원)

저자는 시편과 관련해서 수많은 학자들의 자의적인 해석들을 지적하며, 하나님께서 예언하신 그 진리들을 밝혀 준다.

### 복 있는 사람은

한승용 지음 / 252쪽

15,000원(eBook 10,500원)

이 책에는 시편을 통해서 얻은 26개의 묵상이 담겨 있으며 각 편에서 볼 수 있는 예수 그리스도에 관한 예언을 담았다.

### 하나님과 함께 걷는 길

필립 켈러 지음 / 248쪽

8,000원(eBook 4,900원)

하나님께서는 성도들을 영원한 세계로 인도해 주시기를 진심으로 원하시며, 성령 하나님께서는 성도들과 그 길을 동행하길 바라신다.

### 하나님의 자녀가 고난당할 때

호레이셔스 보나르 지음 / 162쪽

4,500원(eBook 2,900원)

성도들에게 고난 가운데 어떻게 대처하며 하나님의 도우심을 바라야 하는지 알려 준다.

솔로몬 성경공부 시리즈

# 다윗의 이야기가 있는 시편 I

초판1쇄 2025년 6월 13일
초판2쇄 2025년 9월 19일
지 은 이 / 편 집 부
발 행 인 / 박 승 용
발 행 처 / 말씀보존학회
출판등록 / 제409-2022-000036호
주 소 / 서울 강서우체국 사서함 제90호
전 화 / (02) 2665 - 3743
팩 스 / (02) 2665 - 3302
인 터 넷 / www.biblemaster.co.kr


값 10,000 원